Roswin Finkenzeller

Opera buffa

60 Opernklassiker

SOCIETÄTS**VERLAG**

Alle Rechte vorbehalten • Societäts-Verlag

© 2003 Frankfurter Societäts-Druckerei GmbH

Satz: Daniela Unterweger, Elisa Weimar
    Societäts-Verlag, Frankfurt

Druck und Verarbeitung: Ebner & Spiegel GmbH, Ulm

Schutzumschlaggestaltung: Jutta Schneider, Frankfurt

Printed in Germany 2003

ISBN: 3-7973-0827-2

Inhaltsverzeichnis

Giuseppe Verdi

Ruggiero Leoncavallo

Pietro Mascagni

Engelbert Humperdinck

Umberto Giordano

Ouvertüre

*M*usik, Mißgeschicke und Menschenkenntnis sind die drei starken Seiten des abendländischen Musiktheaters. Wer in die Oper geht, um eine Oper zu hören, sollte bei Sinnen sein, vor allem bei seinem Gehörsinn. Wenn er stundenlang von der Musik begeistert und beseligt worden ist, haben er und die Musik sich richtig verhalten. Nachdem er aber das Operngebäude verlassen hat, möchte er sich das Opernwerk noch einmal durch den Kopf gehen lassen und die Mißgeschicke bedenken, deren Zeuge er war – oder gerade nicht war, weil die Regie auf ihrem Ego-Trip die Handlung zu verwischen gesucht hat wie nur je ein Straftäter seine Spuren. Es kann zum Beispiel sein, daß der Opernbesucher ein Boudoir wahrnahm, kein abgedunkeltes allerdings, sondern ein seltsam hell erleuchtetes, und die Worte nicht verstand, die der Heldentenor zu Beginn seines Auftritts dem Ambiente widmete. Da mag es für den Opernbesucher aufschlußreich sein, wenn hinterher ihm jemand beibringt, daß der zentrale Akt des „Fidelio" von Beethoven nicht in lustvoller Atmosphäre, sondern im Kerker spielt und Florestan den hundertprozentigen Mangel an Helligkeit mit dem Satz beklagt: „Gott, welch Dunkel hier."

Für den künstlerischen Kundendienst sind Opernführer nachgerade unentbehrlich geworden. Irgendwo muß schließlich stehen, daß Lohengrin sich mit seiner liebenswürdigen Anrede „Mein lieber Schwan" tatsächlich an einen Schwan wendet und nicht an das

Nichts, ein Ruderboot oder eine Schildkröte. Das nach Lohengrin benannte Werk ist ein Musterbeispiel für die Mißgeschicke, die es mit sich bringen, daß die meisten Opern einen ganzen Abend füllen. Kurz wie eine Klaviersonate wäre fast jede von ihnen, hätten Held oder Heldin oder beide nicht Pech, könnten sie vielmehr einander erblicken und sich spornstreichs in die Arme sinken. Die Handlung der meisten Opern auf den Punkt gebracht hat der längst verblichene Leo Slezak, als Heldentenor ein Fachmann für die erwähnten Mißgeschicke. Der Tenor, schrieb er, liebe den Sopran, werde in der Regel auch wiedergeliebt, doch sei da noch einer, meistens der Bariton, der den beiden „in die Suppe spuckt". Stimmt. Das heißt, es stimmt zu zwei Dritteln. Mehr aber ist von einer anständigen These sowieso nicht zu erwarten, weshalb nach Slezaks geistiger Glanzleistung sich weitere Bemühungen um die Raffung von Inhaltsangaben erübrigen.

Da soll nun „Opera buffa" der Besinnlichkeit Vorschub leisten. Leser, die Originalhandlung im Gedächtnis und die Musik im Ohr, sollen die Beine übereinanderschlagen und sich mit dem Gewinn an Menschenkenntnis beschäftigen, den wir den Librettisten und den mit ihnen verbündeten Komponisten zu verdanken haben. Zum Beispiel sollen sie an einen gewissen Don Giovanni denken, der andauernd so tut, als liebe er um die Wette. Dies möge die Leserinnen zu der anthropologischen Einsicht führen, daß richtige Männer tief zufrieden sind, wenn sie andauernd so tun können, als ob. Den Lesern beiderlei Geschlechts bleibt es natürlich unbenommen, das Pferd von hinten aufzuzäumen und den Gewinn an Menschenkenntnis dem Opernbesuch

12

vorausgehen zu lassen. Warum sollte jemand, der bei der Lektüre des Salome-Kapitels über Wünsche und deren Erfüllung philosophiert hat, dann nicht auch jener Prinzessin zuschauen und zuhören wollen, die als immerhin schon 17 Jahre alte Jungfrau das große Thema wahrlich auf die Spitze treibt, und das auch noch in heilsgeschichtlichem Zusammenhang?

Da Menschenkenntnis über rabenschwarze Bitternis eines schönen Tages zur Heiterkeit führt, werden auch die ernstesten Opern unter dem Titel „Opera buffa" behandelt, einem Rubrum, das schon die „Frankfurter Allgemeine Zeitung" verwandte, als sie 43 Einzelbetrachtungen vorsorglich veröffentlichte. Nun aber wird es höchste Zeit sein, den Freunden menschlicher Rührung zu versichern, daß der ideelle Wert der Träne sich bis zum Verfasser herumgesprochen hat. Ein Liebhaber der Töne weiß, was manchem hochbegabten Sänger fehlt: die Träne in der Stimme. Geborene Bühnenpraktiker legen es eiskalt darauf an, daß im Publikum feuchte Augen schimmern. Und wie der geneigte Leser wird die einfühlsame Leserin der Tatsache gewahr werden, daß unser Text da und dort am liebsten gestockt hätte, um allen Ernstes einer sanften Seelenregung nachzuhängen.

Weil aber Seelenregungen keinem Kommando gehorchen, fügt sich „Opera buffa" nicht dem für Briefmarkensammlungen verbindlichen Ideal der Vollständigkeit. Einige namhafte Opern fehlen, und das aus streng subjektivem Grund. Denn wie hätte sich, ganz ohne Erschütterung, ja bar jeder Ergriffenheit, der subjektive Gusto zur guten Laune und damit zum literarischen Opera-buffa-Stil aufschwingen können? Zum

Ausgleich für einige Lücken möchte das vorliegende Buch Missionsarbeit leisten. Sentimentalen Gemütern sei ein fast unbekannter Samuel Barber ans Herz gelegt, quietschvergnügten Naturen ein vergessener Francis Poulenc. So, und nun brauchen wir nur noch einen weiteren Komponisten. Er möge in die Rolle des N.N. schlüpfen, was „Nomen nominandum" bedeutet oder „Nomen nescio", auf deutsch „Name noch unbekannt".

Roswin Finkenzeller

Auf dem Silbertablett

*D*ie Liebe, die heiße und herzinnige, die Liebe, die Menschen verbindet, die sonst nicht wüßten, was sie gemeinsam anstellen sollten, das Thema Nummer eins also beschäftigt auch Nicola Haym, der ein Mann ist und für Georg Friedrich Händel einen italienischen Operntext schreibt, „Giulio Cesare". Derzeit, in der ersten Hälfte des 18. Jahrhunderts, besticht Julius Caesar durch seine Bühnenreife, was sich nicht von jedem Liebhaber behaupten läßt. Das Triebleben kleiner Leute, mag es auch noch so heftig sein, ist ohne Interesse für unser repräsentatives Barockmusiktheater. Zu Caesars Opernqualitäten zählen neben der Befugnis, die alten Römer und ihr Reich zu beherrschen, die Liebesbeziehung zu einer zweiten hochgestellten Person, zu Kleopatra, der Königin von Ägypten. Mancher weltkluge Engländer, der 1724 die Londoner Uraufführung besucht, tippt bei diesem Techtelmechtel auf Staatsraison und nicht auf Leidenschaft. Er hat im Hinterkopf, daß die Partnervermittlung eine Aufgabe dynastischer Politik sei und manchem mit einer Königin geschlagenen König eine Mätresse schon aus christlicher Barmherzigkeit zu gönnen wäre. Nun, bei Caesar ist immer alles etwas anders. Verheiratet mit Calpurnia, einer in dem Stück keines Auftritts gewürdigten Römerin, nutzt er seine ägyptische Freundin zwar politisch maßvoll aus, ist aber vor allem maßlos in sie verschossen. Leider sieht sich unser repräsentatives Barockmusiktheater nicht in der Lage, die spezielle Erotik der Liaison vor den Opernfreunden gehörig auszubreiten.

Die historische Kleopatra VII. muß ein tolles Weib gewesen sein. Antike Autoren hatten ihre Schönheit gerühmt und moderne Historiker ihnen solange geglaubt, bis die Kunsthistoriker einige ägyptische Reliefs und die Numismatiker ein paar alte Münzen beäugten und von der gepriesenen Eigenschaft keine Spur fanden. Darauf machte sich die Fachwelt den wohl richtigen Reim, Kleopatra sei einfach sexy gewesen, auch temperamentvoll und deshalb äußerst verführerisch. Der in den schriftlichen Quellen auftauchende Begriff „meretrix“, Hure, wurde nicht zum ganzen, wohl aber zum halben Nennwert genommen, zumal in der Großstadt Alexandria nicht die sprichwörtlichen Zustände wie im alten Rom geherrscht hatten, sondern noch viel schlimmere. Es sei „kein Wort darüber zu verlieren“, bemerkt die an wissenschaftlicher Seriosität nicht zu überbietende deutsche Real-Enzyklopädie der klassischen Altertumswissenschaft, daß dort „keine Frau heranwachsen konnte, an die sich irgendwelche sittlichen Maßstäbe anlegen ließen“. Ein klares Urteil. Mit 17 hatte Kleopatra den Thron der Pharaonen bestiegen und aus dynastischen Gründen sofort geheiratet, ihren zehnjährigen Bruder nämlich. Mit diesem ist sie auch in der Oper verkracht, erstens politisch, zweitens erotisch.

Caesar, der ihr Vater hätte sein können, vertrüge zum Schutz seiner Person durchaus drei römische

Männerchöre, denn dauernd schwebt er in Lebensgefahr, was ganz im Sinn des kindlichen Königs Tolomeo
oder Ptolemäus ist, der in flottem Dreiachtelakt mehrmals versichert, dem Eroberer werde es an den Kragen
gehen. Von solcher Gefahr schließt der Zuschauer auf
eine Überdosis an blinder Liebesleidenschaft bei Caesar.
Nur rezitativisch angedeutet wird das historisch belegte
Beispiel einer Lebensrettung durch Sprung ins Mittel-
meer, wobei es dem Imperator zustatten kommt, daß er
schwimmen kann. Nicht einmal angedeutet, geschweige
denn aufgegriffen wird ein weiteres Vorkommnis, eines
der köstlichsten in der antiken Geschichtsschreibung.
Da Kleopatra, Hure hin, meretrix her, schlecht den
erlauchten Gast in aller Öffentlichkeit mit den Worten
überfallen konnte: „Hier bin ich. Nimm mich", trug ein
junger, kräftiger Mann mit dem beneidenswert klangvollen Namen Apollodoros einen Teppich in Caesars
Prachtunterkunft und rollte ihn vor den Augen des Feldherrn aus. Der überraschende Inhalt: Sie, Kleopatra.
Derlei gefiel Caesar außerordentlich, derlei wird auch
George Bernard Shaw gefallen, derlei gefällt aber nicht
Nicola Haym. Der braucht eine Protagonistin, die Haltung bewahrt, Haltung und Gefühl für Repräsentation,
eine Sängerin, die sich weder auf dem Teppich wälzt
noch sich in einen solchen wickeln läßt. Bloß keine
Lässigkeit, am wenigsten in der Intimität. Caesar wird
nicht, wie die erwähnte grundsolide Real-Enzyklopädie
anregt, „rasch von ihren Reizen umstrickt", sondern in
langsamem Dreivierteltakt angesungen, wobei eine
Oboe, eine Harfe und einige Streicher so keimfreie Aus-

drücke wie „saette d'amore", Pfeile der Liebe, behutsam grundieren.

Repräsentation bedeutet Präsentation der Seelenregungen auf dem Silbertablett.

Bei der Liebe aber führt das zu dramaturgischen Schwierigkeiten, ist doch die Konstellation die folgende: Der Librettist versagt sich jede Schlüpfrigkeit. Händels Melos ist großartig und für Pikanterien nur bedingt geeignet. Als Ausweg böte sich die keusche Zuneigung an, doch genau diese glaubt den Hauptfiguren kein gebildeter Mensch. Die historische Kleopatra ist eine mit allen Wassern gewaschene Lebedame, Caesar ein in allen Sätteln erprobter Verführer. Haym weiß sich zu helfen: Das abgeschlagene Haupt des ermordeten römischen Feldherrn Pompeius wird auf die Bühne getragen, sagen wir auf einem silbertablettähnlichen Requisit. Dieser fürchterliche, den Gesetzen des repräsentativen Barockmusiktheaters nicht abträgliche Anblick löst bei Cornelia, der Witwe, zeitraubende Äußerungen edlen Schmerzes aus, bei Sextus, dem Sohn, ausführliche Bekundungen seines Willens zur Rache. So darf sich die Liebe, die nicht auszuspielende, auf wenige Szenen beschränken, die ohnehin verfremdet sind. Denn Caesar, ein Mann, wenn es je einen gab, ist als Cesare eine Frau, eine Altistin.

Als Blicke noch töten konnten

Sänger, nehmt euch ein Beispiel an Orpheus! Nicht nur betörend war seine Stimme, sondern auch kräftig, was aus der Mitteilung zu schließen ist, er habe im Freien gesungen, zum Beispiel vor den Tieren der Wildnis oder ganzen Scharen von Vögeln. In der Natur pflegt nämlich die Akustik nicht günstig zu sein, weil jener bestuhlte Saal fehlt, dessen Wände den Schall reflektieren könnten. Höchstens bietet die Natur ein paar Felsen – gute Zuhörer übrigens, denn auch von ihnen heißt es, Orpheus habe sie bezaubert. Hätten die Felsen, mühsam lauschend, die kultivierten, aber schmächtigen Organe heutiger Opernsänger vernommen, hätten sie diesen empfohlen, es wie die Schlagersänger zu machen und nicht ins Parkett, sondern ins Mikrophon zu singen. Orpheus hingegen hat einen Ruf wie Donnerhall und beeindruckt sogar die Unterwelt. Da ist es für Opernfreunde geradezu verdrießlich, daß die antiken Musikkritiker mit Hinweisen auf die Stimmlage geizten. War Orpheus Bariton oder Tenor? Oder war er beides und dann noch Baß, sagen wir mit einem Stimmumfang von drei Oktaven? Nun, im 18. Jahrhundert war er Kastrat.

Unsere Intendanten lösen das Problem, indem sie die Rolle mit einer Altistin besetzen. Das hat den Vorzug, daß die Klagelieder selbst dann noch auf geneigte Ohren stoßen, wenn sie sich auf undramatische Weise zu häufen beginnen. Opernbesucher mögen in der Regel keine larmoyanten Männer, und Opernbesucherinnen mögen sie schon gar nicht. Orpheus hat aber allen Grund zur Klage, denn er liebt seine Frau über deren Tod hinaus so sehr, daß er den Trost verschmäht, den eine zweite Ehe gewähren könnte. Da wird ihm durch Amor, eine etwas unantike Rokokofigur, das Angebot unterbreitet, die entschwundene Eurydike im Hades aufzusuchen und auf die Erde zurückzuholen. Der nun zu schließende mündliche Vertrag gehört zu den bekanntesten der Weltgeschichte: Beim gemeinsamen Gang nach oben hat Orpheus sich unnatürlich zu benehmen. Er muß voranschreiten, darf über die Abmachung kein Wort verlieren, darf sich vor allem nie umdrehen, mit welchen Reaktionen auch immer seine wahrscheinlich verblüffte Frau ihn beunruhigen möge. Die berühmte Übereinkunft, daß Eurydike ihm endgültig entrissen werde, sobald er sie zu früh betrachte, hat der Italiener Raniero da Calzabigi in barocke Worte und der Oberpfälzer Christoph Willibald Gluck in barocke Töne gefaßt.

Nun ist die Sache die, daß es Eurydike im Jenseits gar nicht so schlecht gefällt. Antike Autoren, und nach ihnen Calzabigi, stimmen hier mit jenen Wissenschaftlern des 20. Jahrhunderts überein, die von den wunderbaren Eindrücken zu berichten wissen, die scheintoten Menschen zuteil wurden, auch von deren leichter Enttäuschung bei der Rückkehr ins Leben. Für den „Reigen seliger Geister", der sich in der Unterwelt dreht, findet Gluck eine überaus anheimelnde Melodie. Ihrem

Mann zuliebe ist Eurydike bereit, die neue Heimat auf-
zugeben, doch stellt sie sich unter diesem Mann den ihr
vertrauten liebevollen Menschen vor und nicht einen
Rüpel, der vor ihr herläuft und sie keines Blickes wür-
digt. Der Librettist legt ihr Worte in den Mund, die
sich aus der Situation ergeben, einem guten Ehemann
aber in die Seele schneiden: Warum er sie denn nicht
umarme, warum er nicht rede oder sie wenigstens
anschaue, und ob sie denn nicht mehr hübsch sei. Und
wenn sie ihn daran erinnert, wie sehr er einst die Röte
ihres Gesichts und den Glanz ihrer Augen liebte, wenn
sie ihn einen Tyrannen und grausam, grausam, grausam nennt, dann schmilzt nicht nur sein Herz, sondern
auch seine Willenskraft.

Und er blickt ihr in die Augen.

Sofort erfüllt sich das Schicksal. Die früher am Biß
einer giftigen Schlange starb, Eurydike, stirbt jetzt an
der liebevollen Schwäche, an der Natürlichkeit ihres
Mannes, auf griechisch: am Ungehorsam gegenüber
den Göttern. Die geben kein Pardon, was alle alten
Autoren völlig richtig finden. Eurydike kommt wieder
in den Hades, wohin nach langer Zeit auch Orpheus
gelangt, erschlagen endlich von wilden Weibern. Ovid
schildert, wie das Ehepaar in angenehmer Umgebung
lustwandelt und fügt voller Süffisanz hinzu, jetzt könne
er sich ja nach ihr ohne Sorge umdrehen.

Die innere Spannung dieser Fabel ist nichts für
moderne Menschen. Grausam, grausam, grausam ist für
sie natürlich der arme Orpheus, vor allem aber ein Gott,
der die Liebe bestraft, und wäre es auch nur ein Gott,

der etwas gegen schwache Nerven hat. Sie sind Anhänger des Schuldstrafrechts und sagen über Orpheus, was sie auch über Ödipus denken: „Er kann doch nichts dafür." Mit diesem Satz entfernen sie sich vom Geist der Antike, dem sie sich wieder nähern können, wenn sie in Neapel ein Marmorrelief betrachten, die römische Kopie einer griechischen Darstellung des entscheidenden Augen-Blicks. Es ist eine elegische, ja zarte, aber mitleidlose Komposition, voller Einverständnis mit der Trennung. Denn so behutsam, wie Orpheus den Schleier vom Gesicht Eurydikes zieht, und so behutsam, wie sie ihre Hand auf seine Schulter legt, ergreift auch Hermes, der Gott, das Handgelenk der Frau, um sie ins Totenreich zu führen.

Jene innere Spannung ist auch nichts für Calzabigi und Gluck. In der Arie, die auf deutsch besser klingt als auf italienisch, in „Ach, ich habe sie verloren", gibt sich Orpheus knappe fünf Minuten seiner zweiten Trauer hin, doch dann findet Amor, glänzend gelaunt, ein Ende ohne Schrecken müsse her. Eurydike wird abermals lebendig, die Musik wieder festlich. Alles und alle sollen hochleben, Gott Amor und die beiden Prachtmenschen, die Liebe, die Schönheit, die Lust sowie die Träne, sofern sie wonnevoll ist.

Figaro da, Figaro dort

*E*r platzt herein und präsentiert sich als Friseur. Wenn er so schneidet, wie er trällert, wenn er mit Stoppeln und Haaren so virtuos umgeht wie mit den Noten, dann ist er ein Meister seines kosmetischen Fachs. Weil er viel zu tun hat, singt er schnell, allegro vivace; weil er es genießt, allseits begehrt zu sein, singt er noch etwas schneller, più mosso, und das ohne Angst vor Zungenbrechern. Der Barbier von Sevilla scheint mit Leib und Seele Barbier zu sein. Er ist stolz auf sein Handwerkszeug, seine Kämme und Scheren, auf seine weiblich liebliche und seine männlich gewichtige Kundschaft, vor allem aber auf den Streß, unter dem irgendwelche Kollegen zusammenbrechen mögen, nicht aber er, Figaro, der sich nur zum Schein beklagt, in Wahrheit aber jubelt, wenn er seine Allgegenwärtigkeit schildert, hier und da und dort, oben und unten, unten und oben.

Gioacchino Rossini, Komponist und Koch, bringt uns mit dieser Kavatine bei, wie segensreich Berufsausübung sein kann. Wer eine Persönlichkeit werden möchte, hat die Wahl zwischen zwei Wegen. Der erste ist „eigen" und mit Eigenschaften gepflastert, die mit Eigenwilligkeit, Eigenverantwortung und natürlich auch mit Eigenliebe und Eigensinn zu tun haben. Der zweite besteht aus schierer Professionalität. Berufe formen die Menschen, was jene Beschäftigungen, die wir

Jobs nennen, bei aller Einträglichkeit verabsäumen.
Handwerker, die Köpfe verschönern und sich zwischen-
durch auf einen kleinen chirurgischen Eingriff verstehen, werden mit der Zeit auch gute Psychologen und
schaffen es, Liebesleute zusammenzubringen, den Grafen Almaviva etwa und seine bürgerliche Rosine. Solche Fachleute gewinnen jene souveräne Heiterkeit, die
der Titelfigur einer klassischen Opera buffa nicht
schlecht zu Gesicht steht.

Musikalisch läßt sich auch Dr. Bartolo nicht lum-
pen, ein Arzt und zu seinem Pech keine lustige, sondern eine komische Figur. Zu einer solchen zu werden,
bieten Natur und Zivilisation mehrere Methoden an,
von denen Bartolo kaum eine ausgelassen hat. Der
unvermeidbare Fehler, älter zu werden, ist mit dem
durchaus vermeidbaren gekoppelt, sich in eine weitaus
jüngere Frau zu verlieben, hier in die emotional längst
abtrünnige Rosine. Da diese sein Mündel ist, nähren
sich Eifersucht und pädagogischer Eros so lange gegenseitig, bis eine groteske Tyrannei herauskommt.
Obwohl von der vordersten bis zur hintersten Reihe
das Publikum sich denken kann, daß er als Buffobaß
gegenüber Almaviva, dem Tenor, den kürzeren ziehen
werde, bildet Bartolo sich ein, Herr der Situation zu
sein. Er rühmt sich seiner praktischen Vernunft und
merkt nicht, wie sehr sie ihm fehlt; er hält sich zugute,
nicht hintergangen zu werden, obwohl die spärliche
Handlung der Oper aus nichts anderem als aus den
Schnippchen besteht, die ihm geschlagen werden. Er
liebt die Operntradition der Wortwiederholung, weil

sie ihm am besten gestattet, auf seinen Irrtümern zu beharren. „Meglio, meglio, meglio", viel besser müßten die Leute es anstellen, die ihn betrügen wollten, versichert er in seiner Dummheit. „Altro, altro, altro", ganz anderer Mittel bedürfe es, um ihn an der Nase herumzuführen. Nur ein Verlierer vermag solches Überlegenheitsgefühl in eine einzige Arie zu packen.

Außer Figaros gelungener und Bartolos hanebüchener Selbstdarstellung bietet die Oper eine weitere Kostbarkeit im Baßschlüssel, ein Lob der Verleumdung. Cesare Sterbini, der Librettist, scheint begriffen zu haben, daß eine Verdammung der üblen Nachrede in Arienform sich selbst entschärfen würde. Fünf Minuten lang die Verleumdung geißeln, womöglich in H-Moll oder einer anderen anrührenden Tonart, dazu sich gefällige Melodien einfallen lassen, weil ohne Gefälligkeit die Botschaft beim Publikum nicht ankäme – eine runde Sache wäre eine derartiges Gesangsstück wohl nie geworden. Deshalb macht Basilio, Rosines Musiklehrer, es ästhetisch richtig und empfiehlt die Anschwärzung aufs wärmste, natürlich nicht in Moll, sondern in freudigem D-Dur. Zur leisen, sehr leisen Begleitung des Orchesters predigt Basilio die Unscheinbarkeit einsetzender Verleumdung, ihre vornehme Zurückhaltung und vorsichtige Sprache. Gut Ding will Weile haben. Wie aber das Orchester durch das unsterbliche Mittel des Crescendo zu voller Pracht und Wucht aufblühen kann, wie auch der Opernsänger die Spanne vom zartesten Pianissimo bis zum kräftigsten Fortissimo zu bewältigen hat, so entwickelt sich die liebe

Verleumdung vom Getuschel über das Gerede zur schließlich herrschenden Meinung. Unter deren Geißel werde auch Graf Almaviva zusammenbrechen, sagt Basilio und zählt damit zu denen, die sich immerzu wundern, warum sie praktisch nie recht bekommen, wo sie doch theoretisch recht haben.

Schade nur, daß wir nicht um 1816 leben, denn heute haben wir den Kick nicht mehr, den sozialpolitischen Stich ins Herz. Die dienstbaren Geister werden auf der Bühne frech, und niemand findet mehr etwas dabei. So geht es mit der Gesellschaftskritik: Knapp 200 Jahre später glaubt kein Mensch mehr, daß sie überhaupt jemals eine war. Vermutlich hält es auch niemand mehr für möglich, daß die drei Paradestücke bei der römischen Uraufführung einfach nicht zündeten. Höchstens glaubt noch jemand, daß wir Figaro in einer anderen Oper wiedersehen werden, weil er nicht immer nur zuschauen möchte, wie andere Leute heiraten. Rosine wird dann reifer geworden sein und nicht mehr so viele Koloraturen singen wie jetzt. Der Graf wird in den Stimmbruch kommen und sich auch sonst entwickeln, vom Tenor zum Bariton und vom treuen Liebhaber zum untreuen Ehemann.

Das Recht der ersten Nacht

Recht hat, wer sich im Zustand der Schwerelosig-
keit mit der Musik beschäftigt, die diesen hervorbringt, mit Mozarts lachendem Ernst, und nicht mit
europäischer Juristerei. Allerdings wird in den Sekko-
rezitativen ein „diritto feudale" erwähnt, ein Herrenrecht, das den Grafen Almaviva und alle seine Standes-
genossen ermächtige, in den Hochzeitsnächten der
Untertanen die Rolle des jeweiligen Gatten zu übernehmen. Dieses „Recht der ersten Nacht", das schon
grammatikalisch befremdet, weil es nicht die Nacht
sein kann, die da ein Recht ausübt – dieses „ius primae
noctis" mit seinem typisch lateinischen Genitiv ist ein
Leckerbissen für streitsüchtige Gelehrte. Die einen halten es für die hübsche Erfindung eines Literaten, die
anderen für eine Geißel der fortpflanzungswilligen
Menschheit. Figaros Hochzeit wird von dieser Rechts-
frage berührt, denn der Graf begehrt die Braut, die
Kammerzofe Susanna, mit einer Zielstrebigkeit, die
nichts Gutes verheißt.

Nun, dieses ius ist eine Verleumdung, von Beau-
marchais, dem Komödienschreiber, mit Wonne weiter-
verbreitet und von Lorenzo da Ponte, dem Librettisten,
nicht ungern aufgegriffen. Gerade wenn wir, intelligente
Angehörige des dritten Standes, dem absolutistischen
Adel erstens alle möglichen Triebe, zweitens jede
Selbstherrlichkeit und drittens eine Menge Macht

unterstellen, vermögen wir nicht einzusehen, warum er zur Befriedigung seiner Lüste irgendeines Gesetzes bedurfte. Ebensowenig ist ersichtlich, wieso der Zweck der Übung, die flächendeckende Entjungferung, ein hochherrschaftliches Vergnügen gewesen sein soll. Außerdem wäre die erotische Befugnis, hätte sie denn bestanden, unter den beiseite gedrängten Ehemännern wie unter den vernachlässigten Gräfinnen und Herzoginnen allmählich auf eine solche Ablehnung gestoßen, daß die Faktizität der nächtlichen Übung wissenschaftlich klar wäre wie der helle Tag.

Das stärkste (und schönste) Gegenargument ist jedoch Mozarts Oper selbst. Hätte da Ponte den Unsinn geglaubt, den er rezitativisch verzapfte, wäre ihm folgende Handlung eingefallen: Kammerdiener möchte eigentlich Junggeselle bleiben, muß jedoch Kammerzofe heiraten, damit der Graf zu seinem Recht komme. Tatsächlich aber versucht in „Le nozze di Figaro" der Graf diese Heirat zu hintertreiben, indem er die Verbindung mit einer Altistin befürwortet, die Figaros Mutter sein könnte. Könnte? Es stellt sich heraus, daß sie es ist, was eine der köstlichsten Szenen ergibt, die da Ponte je geglückt sind. Da dieser aber seine große Verleumdung wenigstens theoretisch aufrechterhalten will, findet er den Dreh, das Herrenrecht weiterhin gelten zu lassen, überall, nur nicht hier in Sevilla, weil der Graf es abgeschafft habe, womit wohl nur gemeint sein kann, daß er darauf verzichte, es auszuüben. Kein Mensch, der den Bariton des Schürzenjägers flöten hört, traut ihm solchen Edelmut zu. Vor allem begreift kein Mensch, weshalb die schmachtende Macht das Herrenrecht, bestünde es denn, nicht reumütig wieder einführt. So, Signore da Ponte, verheddert sich ein Librettist, wenn er schwindelt.

Somit besteht die Handlung aus dem Versuch, Figaros Hochzeit zu vereiteln. Am Ende der Oper ist auch der Graf mit seinem Latein am Ende. Ein widerwärtiger Kerl, auch ohne erste Nächte. Zwar flirtet er mit einer Aufdringlichkeit, die so gut wie alle Männer im Parkett und in den Rängen aus ihrer jeweils eigenen Vergangenheit kennen und daher nicht mißbilligen, doch offenbart er, sobald ihm etwas gegen den Strich geht, eine bösartige Präpotenz, die sich dieselben Männer in ihrem Leben nur ausnahmsweise haben leisten können. Mit ihm ist wirklich nicht gut Kirschen essen. Bei einem kleinen Zerwürfnis mit der Gräfin nennt er sie eine „unwürdige Gemahlin", und das mit dem musikalischen Ausdruck stampfenden Jähzorns. Die durch einen simplen Es-Dur-Dreiklang und den punktierten Rhythmus gekennzeichnete Tonfolge entbehrt jener Biegsamkeit, die Mozarts Melodik sonst auszeichnet, charakterisiert jedoch das Mannsbild kurz und scharf. Wenn aber nach vier Akten der Vorhang fällt, ist der Kerl ganz annehmbar geworden. Weil er gerade um Verzeihung gebeten hat? Ach was, das ist die Laune eines Augenblicks, doch wirklich spricht für ihn, daß er bei aller Widerwärtigkeit auch geschmeidig singen, also sehr menschlich sein kann, sehr menschlich und sehr komisch. Ganz abgesehen davon muß etwas an ihm sein, denn die Gräfin, Rossinis Rosine, hält ihm in ergreifender Einseitigkeit die Treue, obwohl ein jüngeres Blut, der zärtliche Draufgänger Cherubino, sie aufs kunstvollste anhimmelt. Ein Glück für den Grafen, der unentwegt meint, er habe Pech. Auf daß er nicht Susanna kriege, verschwört sich tatsächlich alles gegen ihn, nicht zuletzt die witzige Innerlichkeit der Musik. Wolfgang Amadeus Mozart ist ein sehr ernster Komponist, aber einer, der nie vergißt, daß der tiefste Ernst nur dem Vater im Himmel gebühre und nicht den sich aufplusternden und wieder in sich zusammensackenden Menschenkindern. Diese bringen es sehr weit, bringen es bis zum träumerischen, zauberischen Ernst in Susannas Gartenarie, aber kaum viel weiter. Ein gegen den Adel geifernder Komponist hätte auf solche Feinheiten verzichtet und dafür gesorgt, daß Graf Almaviva nach Frankreich fahre, um dort während der Revolution guillotiniert zu werden. Unser Graf aber wird sich vermutlich nach London begeben, gemeinsam mit Figaro, dem vormaligen Barbier von Sevilla, zusammen aber auch mit dessen Frau. Mit lustigem und listigem Ernst wird Figaro sich auf den Ernstfall einzustellen haben, des Grafen Bitte um Susannas siebenundfünfzigste oder zweiundachtzigste Nacht.

Erotischer Akkordarbeiter

*D*as Verhältnis von Qualität und Quantität ist selten so bedeutsam wie im Leben eines Weiberhelden. Wie es damit Don Giovanni hielt, überliefert dessen Diener Leporello, der über die Liebesdienste seines Herrn Buch führt, wenn auch nicht in einem Leporello, so doch auf unglaublich viel Papier. Demnach hatte jener in Italien 640 Frauen verführt, in Deutschland 231, in Frankreich 100, in der Türkei 91, aber in Spanien, ja in Spanien, schon 1003. In Worten: Mille e tre. Was solche Zahlen bedeuten, wird der heutige Opernfan, moderner Mensch durch und durch, vielleicht nicht ganz ermessen können. Er ist an hohe Geschwindigkeiten gewöhnt und weiß, daß der Pkw der Polygamie nützt und das Flugzeug der Promiskuität. Doch reise einmal einer von Frau zu Frau auf dem Rücken eines Pferdes oder Maultiers! Überquere doch einer in der Kutsche die Pyrenäen und dann auch noch die Alpen! Gar nicht zu reden von dem Segelschiff, das sich durch die Ägäis zu den Türkinnen bewegte! Um 1600 lagen zwischen den Liebesabenteuern die wahren Abenteuer, hervorgerufen durch schlechte Menschen und noch schlechtere Straßen sowie durch Unterkünfte, so schmutzig, daß die Libido sich zu verflüchtigen drohte. Außerdem fuhr damals jeder Kavalier, sofern er überhaupt fuhr, erotisch ins Blaue. Von den Töchtern des Landstrichs, den er staubbedeckt ansteuerte, hatte er eine vage Vorstellung, aber keine Fotos und keine Telefonnummern. Es dauerte lange, bis einer dahinterkam, welche hübscher war, die Schwester des Hufschmieds oder die Gattin des Müllers.

Soviel zur Tragweite von Auskünften wie „mille e tre". Damit aber Donna Elvira, die der Registerarie lauscht, aus dem Staunen wieder herauskommt, erläutert Leporello die Rekordzahlen. Don Giovanni ist nicht wählerisch, er nimmt, wen er kriegt, sie sei blond oder nicht, groß oder klein, dick oder dünn, hübsch oder häßlich, jung oder alt. Häßlich, alt? So ist es. Eigens wird erwähnt, daß er sich auf überreife Damen nur der Statistik wegen stürze. Ein Abstauber also. Ein Allesfresser. Ein Mann folglich, der als Verführer überschätzt zu werden pflegt. Auf ihn fallen sogar Opernintendanten herein, die ihn grundsätzlich nur mit einem Baß besetzen, und das auch noch mit der die meisten Männer kränkenden und alle Tenöre schwer beleidigenden Begründung, Baßstimmen seien besonders viril. Nun hieß der allererste Don Juan, dem Mozart noch persönlich die Einsätze gab, zwar Luigi Bassi, doch soll er zur Zufriedenheit des Komponisten einen nahezu tenoralen Bariton besessen haben.

Tausendunddrei Spanierinnen – aber nur drei stehen auf der Besetzungsliste. Für ahnungslose Besucher einer Oper, deren Untertitel „Der bestrafte Wüstling" lautet, mag das eine gelinde Enttäuschung sein, zumal der Titelheld zwei dieser Geschöpfe nicht wie Lustobjekte, sondern als erotische Altlasten behandelt. Donna Anna ist nur deshalb hinter ihm her, weil er ihren Vater umgebracht hat, und Donna Elvira macht ihm Szenen, weil er sie nicht mehr liebt wie sie ihn. Bleibt Zerlina, das Bauernmädchen, eigentlich verlobt, aber ansprechbar. Hier kommt der Hörer auf seine Kosten, denn ihm wird eine musikalisch mustergültige, melodisch überwältigende Verführung geboten. „Reich mir die Hand, mein Leben." Zerlina reicht sie, und lockere Gemüter haben allen Anlaß, sich auf Nummer 1004 zu freuen. Es wird dann aber doch nichts daraus und das Publikum in die Pause entlassen, ohne daß Leporello sich seiner Chronistenpflicht hätte unterziehen müssen.

Es folgt Akt zwei, ein langer Akt mit häufigem Szenenwechsel, der theoretisch Raum und Zeit böte für die Verführung eines weiteren Soprans und, warum nicht, auch noch eines Mezzosoprans oder eines Alts. Aber leider nur theoretisch. Zwar bringt Don Giovanni der Kammerzofe Donna Elviras ein Ständchen dar, das aber, unter uns Pfarrerstöchtern gesagt, bei allen Qualitäten nicht ganz so berühmt geworden ist wie „Reich mir die Hand". Vor allem aber tritt die Zofe nicht auf, weshalb ihr Schicksal uninteressant ist – wie alles, was hinter den Kulissen geschieht. Auf der Bühne hingegen bekommt es Don Giovanni mit einer ganz und gar unweiblichen Gestalt zu tun, mit dem wandelnden Standbild des von ihm getöteten und ihm daher nicht gewogenen Komturs. Wie ernst es Mozart ist mit Annas auferstandenem Vater und seiner Blutrache, bezeugen drei Posaunen, die Sensation im Orchestergraben. Zu Liebe, Leid und Lotterleben haben sie geschwiegen; zum Auftritt des steinernen Gastes ertönen sie.

Moralapostel haben den Besuch dieser Oper nie beanstandet, denn von allen Wüstlingen sind ihnen die bestraften am liebsten. Ohne weibliche Begleitung fährt Don Giovanni zur Hölle, was sechs überlebende Personen, drei Männer und drei Frauen, alsbald in die beste Laune versetzt. Donna Anna und Don Ottavio wollen heiraten, Zerlina und Masetto auch, Donna Elvira und Leporello allerdings nicht, da er zu einem neuen Herrn will und sie, so heißt's, ins Kloster. An dem Mann in der Hölle lassen sie kein gutes Haar, und sollte er auch ein so betörendes Timbre und so hübsche Beine haben wie einst Cesare Siepi. Im Presto-Tempo halten sie die Bestrafung für gerecht, und keine milde Seele, kein Mozart und kein Librettist da Ponte legen für den toten Verführer ein gutes Wort ein.

Die Frau, der Phönix aus Arabien

Der Philosoph braucht kein Dr. phil. zu sein, noch weniger einer jener Professoren, die an einem Pult stehen, von sich jedoch behaupten, sie säßen auf einem Lehrstuhl. Der Philosoph braucht nicht Hegel zu lesen, wohl aber einen weltklugen Autor wie Tacitus, der sich über einen mythischen Vogel ausließ, den arabischen Phönix. Heißt der Philosoph Don Alfonso, wird er zwei jungen Kavalieren mitteilen, die Treue der Frauen erinnere ihn an jenen Vogel: Jeder rede über ihn, doch habe ihn noch niemand gesehen. Heißen die Kavaliere Ferrando und Guglielmo, werden sie sich mit einem Menschen, der die Frauen und damit ihre beiden Bräute beleidigt, auf der Stelle duellieren wollen. Philosophen aber schlagen sich schon deshalb nicht, weil jeder von ihnen in die Jahre gekommen ist. Mit einem jugendlichen Philosophen kann allenfalls ein Bücherwurm gemeint sein, niemals aber ein wahrer Philosoph, ein Lebenskünstler, der ein solcher nicht geworden wäre, hätte er nicht ausreichend Zeit gehabt, dem Leben zuzuschauen. So bezieht sich auch der erste Halbsatz, den Don Alfonso singt, auf seine grauen Haare.

Lange vor dem ersten Akt muß der Philosoph dahintergekommen sein, daß ein Mensch wie er Muße braucht, also Geld. Berufe schaden der Berufung, die Welt zu durchschauen und bei dieser Gelegenheit auch die Weiber, um einen im 18. Jahrhundert unangefochtenen Ausdruck zu verwenden. Lorenzo da Ponte, der Librettist, hat Ferrando und Guglielmo zum Militär geschickt, den Philosophen aber nur auf Beobachtungsposten. Dort geht er allen Gefahren aus dem Wege, dem Duell sowieso, der Ehe erst recht, der Liebelei aber auch. Der echte Philosoph sagt sich, daß Beobachtungsgegenstände aufhörten, Studienobjekte zu sein, sobald er sich nicht auf sie, sondern mit ihnen einlasse. Bloß weil das Sechs-Personen-Stück „Così fan tutte" schon zwei Paare aufweist, darf niemand glauben, der Rest verspüre den Drang, sich an ihnen ein Beispiel zu nehmen. Nein, Don Alfonso in Erregung zu versetzen, vermag Despina, das Stubenmädchen, nicht.

In Goethes „Faust" wetten der Herr und Mephisto, in „Così fan tutte" Don Alfonso und die beiden Kavaliere. Während aber Goethe die von ihm ersonnene Wette allmählich aus den Augen verliert, siegt bei da Ponte der Philosoph mit der Prophezeiung, daß die Bräute der beiden jungen Herren von zwei hereingeschneiten Männern schnell und unleugbar zu verführen seien. Die Probe aufs Exempel: Ferrando und Guglielmo verkleiden sich bis zur Unkenntlichkeit, bändeln über Kreuz an und erreichen zwar nicht auf Anhieb, immerhin aber binnen zwölf Stunden, was zu erreichen sie befürchtet hatten, die Einwilligung der treulosen Tomaten in die Ehe mit jeweils einem wildfremden Kerl. Wie Schuppen von den Augen fällt es zuletzt den getäuschten Frauen, zuerst jedoch den täuschenden Männern. Wer findet in einem Moment schmählicher Desillusionierung das rechte Wort? Der Philosoph natürlich, der jetzt in seinem Element ist.

Er argumentiert naturrechtlich und entschuldigt den individuellen Fehltritt mit der generellen und unvermeidbaren Treulosigkeit des weiblichen Geschlechts. So seien die Frauen nun einmal. Bei einem Philosophen, der nicht Bücherwurm, sondern Lebenskünstler ist, folgt der geistigen Durchdringung die praktische Nutzanwendung auf dem Fuß. Er rät den verdatterten Mannsbildern, sofort zu heiraten, und zwar jeweils die ursprüngliche Braut. Will Ferrando nicht eine richtige Frau haben, und ist Guglielmo nicht vom gleichen Wunsch beseelt? Dann beherzt zugegriffen, meine Herren, denn eine treue Seele wäre keine richtige Frau. Alle setzten den Männern Hörner auf, alle machten es so. Alle?

Tutte. Im 19. Jahrhundert kam die Botschaft nicht gut an, denn etwa zur Hälfte bestand das Opernpublikum aus Damen, die sich die üble Nachrede verbaten. Binnen Tagesfrist den Bräutigam wechseln? Das mache keine anständige Frau. Später profitierte „Così" von der Abneigung des 20. Jahrhunderts gegen das vorangegangene, dem jetzt vorgeworfen wurde, es habe weder die Künstlichkeit der Bühnenvorgänge noch die Marionettenhaftigkeit der beiden Paare begriffen. Nun einmal von Mann zu Mann gesprochen: Wir lassen uns ja gerne ein X für ein U vormachen, aber nur von Frauen, nicht von Fachleuten. Gefällt nicht jedem von uns eine der beiden Schwestern, entweder die sanfte Fiordiligi oder die temperamentvolle Dorabella? Und das sollen menschliche Puppen sein? Es war schon ein Irrtum, als Ferrando und Guglielmo die beiden zu

Göttinnen erklärten, doch kein so krasser. Der Philosoph indessen beruft sich auf den glaubwürdigsten aller Zeugen, auf Wolfgang Amadeus Mozart. Dieser legte den angeblichen Puppen eine Musik in die Kehlen, so berückend, so betörend, so bezirzend, wie sie nur den Menschen aus Fleisch und Blut zukommt. Was Mozart machte, wenn er karikieren wollte, zeigt gerade diese Oper: Wirklich marionettenhaft, in plapperndem und klapperndem Tonfall, ahmt Despina einen Arzt und einen Notar nach. Diesen Figuren seine Seele einzuhauchen, hat Mozart sich geweigert.

Es tut uns Philosophen leid: „Così fan tutte." Ungekünsteltes C-Dur an dieser Stelle. Der Situation übrigens, von gekränkten Geschlechtsgenossinnen der Schwestern mit Vorwürfen überhäuft zu werden, sind wir und wäre Don Alfonso allemal gewachsen. Er würde die Beine übereinanderschlagen, die Hand galant bewegen, die Augenlider lächelnd senken und höflich sagen: „Wie heißt es bei euch in Deutschland? Keine Regel ohne Ausnahme."

Die Tyrannei der Tugend

*E*in begabter Arrangeur eigener und fremder Texte war Emanuel Schikaneder schon deshalb, weil er wußte, wie schnell die Leute, besonders die belesenen, auf Worte hereinfallen. Das Libretto trieft von Edelmut, und das Publikum ist tief beeindruckt, obwohl es nicht behaupten kann, die am eifrigsten besungenen Eigenschaften, die Weisheit und die Tugend, veränderten die augenfällige Bühnenwelt. Schikaneder wußte nämlich zweitens, daß für jede wahrhaft schöne Idee die banale Verwirklichung auch einen Schuß nach hinten bedeutet. Prompt begnügt sich das Publikum mit der Anpreisung der Weisheit vor allem durch Sarastro, einem Chef oder Herrscher mit unklarer Machtfülle. Im Reich deutscher Töne thront er als seriöser Charmeur, denn kein anderer Baß ist so tief, so schwarz, so voll, aber auch so rund und samten wie der seine. Selbst das verkehrteste Bühnenbild gerät in den Geruch der Heiligkeit, wenn er „In diesen heil'gen Hallen" singt. Doch schon seine Behauptung, in besagten Hallen werde dem Feind vergeben, ist Augenwischerei in E-Dur. Der Hauptfeind, die Königin der Nacht, wird gegen Ende des zweiten und letzten Aktes samt Gefolge „zerschmettert" und nicht etwa großmütig zu Tisch gebeten. Dabei ist niemand in der ganzen Oper so gut zu verstehen wie diese Königin, wenn sie sich aufregt, denn schließlich hat Sarastro ihre Tochter Pamina entführt, einfach entführt, angeblich zu philanthropischen Zwecken. Mozart gönnt der großen Gegenspielerin einen schwungvollen Wutausbruch, eine Götterspeise für Koloratursopran, in der das abenteuerlich hohe F für jenen Beifall sorgt, für den eigentlich schon die mütterlichen Gefühle gut genug wären.

Offenbar läuft Sarastros Herrschaft auf eine Erziehungsdiktatur hinaus. Wen aber behelligt er mit seinen pädagogischen Zwangsmaßnahmen? Er greift nicht nach ein paar Galgenvögeln, sondern nach zwei wohlerzogenen jungen Leuten, die sich ohnehin gesittet benehmen, nach Pamina und Tamino, einem jener anheimelnden Liebespaare, denen der Opernfreund von Herzen die baldige Vereinigung wünscht. Nicht so Sarastro. Er hintertreibt dieses weltweit als angenehm empfundene Ereignis, ohne einen seiner sangesfrohen Priester erklären zu lassen, wieso zwei gescheite und gütige Menschen blitzgescheit und übergütig werden, wenn sie in ihrer Verlobungszeit nicht miteinander reden dürfen. Ist dieses Schweigegebot schon aus musikalischen Gründen bedauerlich, so schlägt es ethisch dem Faß den Boden aus. Doch im Zweifelsfall ist Sarastro immer dafür, daß die Menschen den Mund halten. Sagt doch einer seiner Priester über die Königin der Nacht: „Ein Weib tut wenig, plaudert viel. Du, Jüngling, glaubst dem Zungenspiel?" Fragt aber dieser Jüngling, natürlich Tamino, wie es sich wirklich verhalte, bekommt er zur Antwort: „Dir dies zu sagen, teurer Sohn, ist jetzt und mir noch nicht erlaubt." Respekt, Herr Schikaneder, Sie haben um 1791 herum die Rhetorik der Diktatur erahnt.

Nun muß der Opernfreund einräumen, daß es in den Werken, die er liebt, selten demokratisch und meistens nicht einmal rechtsstaatlich zugeht. Wenn aber in solchen Opern überhaupt etwas erhoben wird, dann ist es der Taktstock und nicht der Zeigefinger. Außerdem befinden wir uns, wenn Freund Tamino auf der Zauberflöte bläst, nicht im Mythos, sondern in der Aufklärungszeit. Wolfgang Amadeus Mozart hält die Sarastro-Gesellschaft für vorbildlich und gibt schon in den allerersten Takten der Ouvertüre mit feierlichen Es-Dur-Akkorden zu erkennen, wie ernst es ihm ist mit der Erziehung des Menschengeschlechts. Trotzdem ist nicht einzusehen, warum Pamina und Tamino einer wie immer gearteten Läuterung wegen händchenhaltend durch Feuer und Wasser schreiten müssen. Wie gesagt, wir Opernfreunde sind stärksten Tobak gewöhnt, betrachten aber momentan ein sogenanntes Reich des Geistes und der Menschenfreundlichkeit. In dieser zwei- und dreideutigen Situation wird es empfehlenswert sein, sich Papageno anzuschließen, der ebenfalls häufig den Kopf schüttelt.

Ein reizender Kerl. Das wahre Vergnügen des Zauberflötenpublikums. Wenn er nicht wäre, besichtigten die Zuschauer die neunmalkluge Despotie, auf die er sich nur widerwillig einläßt, längst nicht so gutgelaunt. An Papageno lag Schikaneder viel, weshalb er ihn auch in der Wiener Uraufführung gleich selber sang. Ohne Orchesterbegleitung bemerkt er zu etlichen Priestern: „Aber sagt mir nur, meine Herren, warum muß ich denn alle diese Qualen und Schrecken empfinden?

Wenn mir ja die Götter eine Papagena bestimmten, warum denn mit so viel Gefahren sie erringen?" Eine schärfere, eine berechtigtere, eine witzigere Kritik an der Handlung als diese, die der Handlung entspringt, wird nicht so schnell zu formulieren sein. Als vernünftiger Durchschnittsmensch und Bariton, der heiter, ein wenig virtuos und sehr gern gefühlvoll singt, möchte er keine Opfer bringen, es sei denn, der Wert der Selbstüberwindung würde ihm auf kultivierte Weise verdeutlicht. Daran aber hapert es. Jeder einzelne Mozart-Liebhaber möge sich die Frage vorlegen, ob er, vor Sarastros Tempeltüren stehend, die Tugendkatze und den Weisheitskater im Sack gekauft hätte oder ob er nicht wie Papageno eine Papagena hätte haben wollen, eine liebe, passende Lebensgefährtin.

In seinem Federkleid, mit dem Vogelbauer auf dem Rücken und der Pikkoloflöte in Händen, sieht dieser „Vogelhändler, stets lustig, heißa, hopsasa" zugegebenermaßen ein wenig närrisch aus. Narren jedoch dürfen die Wahrheit sagen. Papageno lobt an Sarastro nur dessen vorzügliche Küche.

Die Pistole und das stille Glück

*L*udwig van Beethoven schrieb Werke ohne Worte und schadete damit dem Renommee der Oper. Diese hatte, bevor der Apostel der Instrumentalmusik von sich hören ließ, als Gattung mehr gezählt als alle Symphonik. Spielten Pianisten, Streicher und Bläser jetzt aber Beethoven, schwand die Sehnsucht nach Balletteusen und erst recht die nach Sängern. In den folgenden Jahrzehnten war die Gründung philharmonischer, das heißt auf acht von neun Beethoven-Symphonien spezialisierter Gesellschaften musikalisch so ehrenwert wie der Bau prachtvoller Opernhäuser. Hatte Beethoven von musikalischer Dramatik eine schlechte Meinung? Er hatte die allerhöchste Meinung, eine so hohe, daß er in seinem ganzen Leben nicht dazu kam, mehr als eine einzige Oper zu komponieren. Jahrelang feilte er an ihr und schuf zur Wahl vier Ouvertüren. Er beharrte darauf, daß nur die edelste, die anspruchsvollste Handlung gut genug für das Musiktheater sei, und war traurig, daß einige geschätzte Kollegen mit den windigsten Libretti vorlieb genommen hatten. Es ist immer ein wenig hinderlich, von sich selbst viel zu verlangen.

Auf der Suche nach einem der Töne würdigen Stoff muß Beethoven erkannt haben, daß die Liebe zwischen Mann und Frau das Thema aller Themen ist. Große Geister hatten sich dieser Einsicht gefügt, kleine aber auch, so daß es in der Opernliteratur nur so wimmelte von seichten amourösen Geschichten. Sie drehten sich in der Regel um die Liebe in der Entstehung. An Joseph Sonnleithners Textbuch, dem die Arbeit eines gewissen Jean Bouilly zugrunde lag, gefiel Beethoven das ernstere Motiv, die Liebe in der Bewährung. Fidelio, die als Mann kostümierte Leonore, handelt aus „Gattenliebe". Es mag unwahrscheinlich sein, daß eine Frau sich so verkleiden und verstellen kann, daß dienstlich der Kerkermeister und erotisch dessen Tochter auf die Maskerade hereinfallen. Die Sache ist nur die, daß Beethoven an einer Verherrlichung des guten Durchschnitts und seiner Plausibilität kein Interesse hat. Das Risiko, das Leonore eingeht, wenn sie ihren in einem andalusischen Staatsgefängnis schmachtenden Gatten vor den Mordabsichten eines Gouverneurs bewahrt, soll und muß ungeheuer sein.

Trotzdem ist Leonore kein Flintenweib. Die Pistole, die sie im entscheidenden Augenblick auf den kommandierenden Schurken richtet, macht sie noch lange nicht zur Revolverheldin. Wie sie nur einen einzigen Mann liebt, so ist auch die Lebensgefahr, in der dieser schwebt, für sie der einzige Anlaß, eine heroische und extrem unweibliche Rolle zu übernehmen. Florestan, der seine Frau ja wohl kennt, wäre nicht im Traum auf den Gedanken gekommen, daß sie es sei, die seine Rückkehr in die Normalität bewerkstelligen werde. Das läßt sich so apodiktisch behaupten, weil der Gefangene uns den Inhalt eines Wachtraums mitteilt. Nach einem sehnsuchtsvollen Aufstieg der Oboenstimme, der den Apostel der Instrumentalmusik von seiner allerbesten Seite zeigt, schwärmt in einer Glanzpassage des wählerischen Opernkomponisten Florestan von einer Leonore, die überirdisch, die ein Engel ist und ihn nicht in die Ungezwungenheit der Zivilgesellschaft, sondern in die Freiheit des himmlischen Reiches führt.

Auch analysiert in einer Arie samt Rezitativ die Titelfigur sich selbst – nicht durch den Text, denn der ist schwach, sondern intuitiv durch seelenkundigen Gesang. Sie bringt die Kraft auf, sich Eigenschaften zuzulegen, die sie nur zu gern entbehren würde, eisernen Willen und unbeugsamen Mut. Die scheue Hoffnung, die sich zu fester Glaubenszuversicht weitet, paßt schon eher zu der Frau, die als Leonore leben möchte und nicht als Fidelio. Ihrem innersten Wesen aber entspricht ein stilles Glück, das stillste, das in Töne zu fassen der Operngeschichte vergönnt gewesen und das in diesem Augenblick Erinnerung und Sehnsucht zugleich ist. Wieder einmal den Nagel auf den Kopf treffend, hat Beethoven den Einfall, zu den Farbtupfern der Holzbläser seine Heldin immer auf demselben Ton singen zu lassen, auf einem g, das sich schließlich elegisch zum Nachbar fis senkt. Ist es Demut? Nicht doch, es ist der Friede der Seele. Fidelio benötigt die Stimme einer Heroine, den sogenannten hochdramatischen Sopran. Der aber muß, unbeschadet aller Temperamentsausbrüche, auch jenem stillsten Glück piano bis pianissimo gewachsen sein.

Höchste innere Dramatik: Die Frau reißt sich zusammen und hilft, in den Boden des Kerkers jenes Loch zu graben, durch das ihr Mann, ist er einmal getötet, in eine Zisterne geworfen werden soll. Höchste äußere Dramatik: Leonore wirft sich zwischen Florestan und Don Pizarro, den Menschen, der ihn ermorden will. Und dann? Das Wiedersehen, die Rettung, die Freude besiegelt musikalisch ein Duett voller Jubel und Beklommenheit. Und dann? Dann tritt Leonore ins Ensemble zurück. Im letzten Akt singt sie mit, aber meistens als eine von vielen, selten als herausragende Einzelgestalt. Das große Wort zu führen, überläßt sie einem Minister, jetzt, da das Werk getan ist.

Zweimal entpuppt sich, was auf den ersten Blick wie Ungeschicklichkeit aussieht, als dramaturgische Raffinesse. Das spießige Milieu der Kerkermeisterwohnung ist kein fremdes Element in dieser Oper, sondern die allerrealistischste Gegenseite der Grauenhaftigkeit. Und der Staatsakt am Schluß verdeutlicht, wie die öffentliche Anerkennung den großen Taten pompös hinterherhinkt. Minister Fernando singt wirklich wunderschön. „Es sucht der Bruder seine Brüder, / Und kann er helfen, hilft er gern." In der Realität hat dieser Bruder keinen Finger gekrümmt. Hoffentlich kommt er das nächste Mal etwas früher und überläßt nicht wieder alles einer bedeutenden Frau.

Sechse treffen, sieben äffen

*E*in Freischütz ist ein Schütze, der im Gewehrlauf Freikugeln hat, diabolische Geschosse, die ihr Ziel nie verfehlen, so dumm der Weidmann sich auch anstellen möge. Die Munition besteht aus Blei und gestoßenem Glas, das von zerbrochenen Kirchenfenstern stammt, sowie aus weiteren Stoffen, an deren ballistische Wirksamkeit kein Opernfreund glaubt. Freikugeln werden in der Wolfsschlucht gegossen, einer von Zivilisation wenig beleckten Bodensenke, in der ein schwarzer Eber herumläuft, eine Eule ihre feurigen Augen rollen läßt und Nachtvögel kreisen, deren Gattungsbezeichnung mitzuteilen der Librettist Friedrich Kind nicht für der Mühe wert gehalten hat. Mitternacht sollte sein, Gewitterstimmung desgleichen, sicherheitshalber auch Mondfinsternis, obwohl dann und wann der Mond zu scheinen hat, damit das Publikum die Wolken sieht, die sein Strahl durchbricht, damit es auch die dekorativen Elemente wahrnimmt, einen Totenschädel etwa oder das wichtigste Requisit, den Herd, auf dem die Kugeln zubereitet werden. Das Ambiente steht unter der Aufsicht des Höllengeistes Samiel, der nur ganz normal sprechen darf, weil er nicht würdig ist, Carl Maria von Webers glasklare Musik zu singen.

Deutsch kann er auch nicht richtig. Mit „Sechse treffen, sieben äffen" will er sagen, daß er, Samiel, den letzten Schuß dirigiere, sagt es aber nicht und macht aus einer siebten sieben Kugeln. Das allein hätte sämtliche Freischützen stutzig machen müssen, das und das ganze Schluchtorchester. Aus der Nummernoper hat sich Nr. 10, formal das Finale zum 2. Aufzug, beim Publikum nicht durchgesetzt, was auf eine Niederlage der Hyperromantik hindeutet und auf einen Sieg des Biedermeier. Die Reißer des Werkes, das in Deutschland als die romantische Oper schlechthin gilt, sind im wesentlichen herzhaft bis zartfühlend. Seit 1821 fragen sich die Hörer summend, was wohl auf Erden dem Jägervergnügen gleiche, seit damals winden sie wie die Choristinnen den Jungfernkranz mit veilchenblauer Seide, ziehen in Gedanken durch die Wälder, durch die Auen und stimmen leise, leise Agathes fromme Weise an. Alle diese Melodien, für Laienlippen sehr geeignet, künden von einem bürgerlichen Lebensgefühl. Der vierbeinige Liebling der Freischützfans ist kein Fabelwesen aus der Halbunterwelt, sondern ein vom Koloratursopran munter besungenes Haustier, Nero, der Kettenhund.

Max, ein ausnehmend bürgerlicher Tenor, hat seinen Beruf erlernt und möchte nun Karriere machen. Er ist ein professioneller Jäger, der nicht auf dämonische Mächte vertraut, sondern auf seine scharfen Augen und seine sichere Hand. Er wird die Försterstochter Agathe heiraten, die er liebt und vielleicht auch lieben würde, wenn die Eheschließung nicht mit der Übernahme der fürstlichen Erbförsterei verbunden wäre. Schon darf er glauben, die Position stünde ihm zu, denn

Zweifel bestehen nicht, weder an Agathes Zuneigung noch an seinen beruflichen Qualitäten. Da plötzlich ist auf diese kein Verlaß mehr. Andauernd schießt Max daneben und weiß nicht, warum. In einer solchen Situation stöhnt unsereiner „Das gibt's doch nicht" – eine charakteristische Redewendung, die in Abrede stellt, was offensichtlich ist. Und dann diese schreckliche Begleiterscheinung, die unsereiner „soziale Kontrolle" nennt. Die trifft den jungen Mann mit Wucht, hänselt ihn doch das Volk nach allen Regeln der Volkskunst. Deshalb streift er die Lyrik ab und beteuert mit heldentenoralem Nachdruck, daß Verzweiflung ihn fasse und Spott ihn foltere. Wie wichtig er sein Elend nimmt, zeigt die denkbar anspruchsvollste Bezugnahme, die auf den Schöpfer des Himmels und der Erde. Mit der Frage „Lebt kein Gott?" übertönt er (hoffentlich) das Fortefortissimo des Orchesters, wobei er ein langes hohes A hält, das für deutsche Verhältnisse so respektabel ist wie für italienische das hohe C.

Verführer, nicht zuletzt politische, wissen ziemlich genau, daß für eine große Dummheit oder Gemeinheit die arme Seele reif sein muß. Max findet, daß die Zeit dränge, denn eine donnernde Äußerlichkeit, ein demnächst in fürstlicher Gegenwart abzufeuernder Schuß, soll über sein inneres Recht auf Agathes Hand und Mitgift entscheiden. Da kommt Samiels Hilfskraft, der Jägerbursche Kaspar, mit zwei unsterblichen Tricks daher: mit der Erfolgsgarantie und der moralischen Daumenschraube. Vorgeführt wird die Unfehlbarkeit einer Zauberkugel, vorgetragen aber die Prophezeiung,

Agathe werde eine Blamage ihres Max nicht überleben. Gedankliches Strickmuster: Ein Lump bist du, wenn du auf deine Skrupel achtest, oder: Schlimmes tun, um Schlimmeres zu verhüten. Nach dieser Seelenmassage wird Max zum Zauberlehrling und zum Freischützen, was als schlecht, böse und verwerflich hinzustellen Friedrich Kind nicht müde wird. Im entscheidenden Moment fliegt der ganze Schwindel auf, und alle Spießer sind entsetzt, die Nichtspießer aber auch.

Womit nun entschuldigt sich Max, der sich sowohl die Braut als auch die Försterei verscherzt hat? Mit der Bemerkung: „Denn schwach war ich, obwohl kein Bösewicht." Mit dieser Ausrede haben sich seit Carl Maria von Webers Tod noch ganz andere Maxe zu rechtfertigen versucht, wobei sie zuweilen so glimpflich davonkamen wie der Freischütz. Ein Eremit bittet den Fürsten darum, die Strafe der Verbannung zur Bewährung auszusetzen, was sogleich geschieht. Eremiten haben gewöhnlich viel Nachsicht mit halbschlechten Menschen. Denn sie müssen nicht mit ihnen leben.

Viel Geld, viel Innenleben

W as immer auch die Leute am Kapitalismus auszusetzen haben mögen – Geld zu kriegen, viel
Geld, und das auch noch ganz ohne Anstrengung, ist
eine Wanne voll Wonne. Weil Schulmeister Baculus
davon ein Lied singen kann, auch eine Arie, umreißt er
in ihr die Fülle der Gefühle. Schließlich weitet die Aussicht auf ein erkleckliches Sümmchen das menschliche
Herz wie sonst nur die Liebe, die auch Baculus nicht
völlig fremd ist. Immerhin hat er eine Braut und weigert sich, dieses sein Gretchen einem Baron für tausend
Taler auf Dauer abzutreten. Vorschlag und Ablehnung
erfolgen, bevor der Baßbuffo mit seiner Arie anhebt.
Derzeit, gegen Mitte des 19. Jahrhunderts, haben die
Opernfreunde nichts gegen gesprochene Dialoge,
zumal gute Darsteller wie etwa ein gewisser Albert
Lortzing nicht nur im Gesang, sondern auch in der
Konversation bewandert sein müssen.

Tausend Silbermünzen sind nicht zu verachten, und
zweitausend sind es noch weniger. Da der Baron
merkt, wie die Anhänglichkeit nachläßt, sobald sich
das Angebot erhöht, und er seinerseits Gretchen unbedingt heiraten möchte, nennt er die Zahl Fünftausend.
Es erfolgt die letzte moralische Gegenwehr. Wie wäre
es denn, wenn er, Baculus, die Ehe erst einmal eingehen
dürfte, um sie nach Ablauf eines Jahres zugunsten des
Vertragspartners zu beenden? Der Baron winkt ener-

gisch ab, rückt noch einmal die finanzielle Seite ins rechte Licht und schafft, indem er den Baßbuffo auf der Bühne allein läßt, die klassische Voraussetzung für ein musikalisches Selbstporträt.

Die Arie, eine Entlarvung sondergleichen, beginnt mit der naheliegenden Bemerkung „Fünftausend Taler!" Manche Sänger halten das für einen Jubelschrei und legen die Betonung auf die Silbe „Fünf". Ein Dirigent vom Schlage Albert Lortzings muß ihnen dann sagen, daß es sich um eine unbetonte Achtelnote handelt, wie denn Baculus noch unsicher, mithin nachdenklich ist. Wie die meisten Charaktere, die eine konkrete Entscheidung hinausschieben möchten, stellt er Erwägungen allgemeiner Natur an, wobei er dahinterkommt, daß ein „Mensch und Christ" verhältnismäßig schlecht, ein „Kapitalist" jedoch verhältnismäßig gut dasteht. Schon liegt ihm daran, dem „Fatum" zu danken, dem Schicksal also und nicht dem Baron, da meldet sich plötzlich sein Gewissen oder besser seine Angst vor moralischer Erpressung oder einfach die Furcht vor peinlichen Situationen, denn wie fast alle Opportunisten kennt er den Gewissensbiß nur vom Hörensagen.

Was wäre, wenn Gretchen schmeicheln und ihn streicheln, wenn sie jammern, ihn umklammern sollte? Sieh einer an, wie fies er bereits ist! Sich in die Tasche lügend, erklärt er flugs, gestreichelt habe ihn seine Braut noch nie. Der liebe Gott weiß es besser und schweigt deswegen, als Baculus sich an ihn wendet, schweigt deswegen und weil er sieht, daß die Frage „Was mach' ich da?" rein rhetorisch ist. Hierauf wendet sich der Schulmeister in Zweiunddreißigsteln und Vierundsechzigsteln an das Publikum. Ein Beispiel dafür, wie psychologisch Albert Lortzing als Librettist verfährt, ist eine dem Schulmeister zugedachte Reaktion: Obwohl das Publikum (hoffentlich) den Volksmund hält, tut der Fragesteller so, als hätten hundert Stimmen ihm geraten, der Braut den Laufpaß zu geben, denn augenblicklich verfällt er in ein „Allegro deciso", in ein schnelles Tempo der Entschlossenheit, und verkündet in festem F-Dur: „Ich schlage sie los!" Lange brauchen die Menschen, bis sie einsehen, daß es ihnen eigentlich ganz gut geht, doch schnell erkennen sie, wie schwer sie es selbst dann haben. Kaum fühlt der Lehrer sich als Kapitalist, da treibt ihn auch schon die Sorge um, was er mit dem famosen Kapital eigentlich anfangen solle. Schloßherr werden?

Oder Unternehmer? Wertpapiere kaufen? Oder Gelehrter bleiben? (Er sagt tatsächlich „Gelehrter") Glücklicherweise sind auch das Entscheidungen, die hinausgeschoben werden können, weshalb Baculus ins Publikum schmettert, was eindeutig, gewiß und unzweifelhaft ist: „Fünftausend Taler". Jetzt, da die Unsicherheit niedergesungen worden ist, erhält die Silbe „Fünf" vom Komponisten, hinter dem sich wiederum der schon mehrfach genannte Albert Lortzing verbirgt, eine halbe und stark betonte Note. Wenn jedoch der Mensch seiner Sache endlich sicher ist, kokettiert er mit seiner Schwachheit, weshalb Baculus den Leuten in wogenden Achteln weismacht, irgend etwas in ihm sause und brause, summe und brumme, schimmere und flimmere. Und schließlich kommt der Clou. Nein, er bittet keinen, ihn zur Strafe oder zur Buße mit jenem Gegenstand zu behandeln, den auf lateinisch sein Name bezeichnet. Sondern er singt in punktiertem Rhythmus: „Beschlossen ist's im Weltenplan: Ich werd' ein hochberühmter Mann." Noch etwas reiner hätte sich „Größenwahn" auf „Weltenplan" gereimt. Da glaubt einer, er werde reich, und bemüht für diese kosmische Belanglosigkeit die Vorsehung. Und nicht zufrieden mit den Talern, begehrt er auch noch Ruhm. Der Baßbuffo hält, ohne es zu wissen und zu wollen, ein anthropologisches Kolleg. Seine Rechnungen gehen jedoch nicht auf, denn der Baron hat zwei Frauen verwechselt, wie auch der im Titel der Oper genannte Wildschütz gar kein Wildschütz ist. Berühmt wird hingegen Albert Lortzing, ein Theaterkind, später ein Tausendsassa. Er komponiert und dichtet, singt und spielt, dirigiert und führt Regie, doch auf einen grünen Zweig kommt er nie. Nicht nur als weiser, heiterer Künstler, sondern auch als ein ständig von Armut bedrohter Familienvater riefe er für sein Leben gern aus: „Fünftausend Taler!"

Das Gute unterliegt dem Besseren

*F*rau Fluth und Frau Reich, die verdeutschten Weiber von Windsor, treiben ein Spiel, das gefährlich
wäre, hätten sie das Heft nicht fest in der Hand, das
Spiel mit dem Feuer. Sie tun, als ob. Sie tun, als stünde
ihnen durchaus der Sinn nach einem kleinen Ehebruch.
Sie tun, als gefiele ihnen Sir John Falstaff, ein Schwere-
nöter mit großem Bauch und weniger großen Erfolgen
bei den Frauen. Er stellt den beiden Damen nach und
schreibt der einen wie der anderen den gleichen Liebesbrief. Eigentlich gar nicht so dumm, arbeitsökono-
misch gesehen. Das Süßholz, das bei solchen Gelegen-
heiten geraspelt wird, zeichnet sich ohnehin durch
starke Ähnlichkeit aus, vom Zweck der Übung ganz zu
schweigen. Wären Frau Fluth und Frau Reich durch
schmachtende Worte aus dem inneren Gleichgewicht
zu bringen, hätte Falstaff vernünftig gehandelt, weil
dann jede der beiden ihr jeweiliges Schriftstück als
süßes oder zumindest aufregendes Geheimnis für sich
behielte. Da aber beide Frauen souverän und an Kom-
plimente gewöhnt sind, informieren sie sich gegenseitig
und kommen überein, aus einer Pikanterie ein Maxi-
mum an Jux herauszuholen. Shakespeare führte im Theater seine eigenen Stücke auf. Seine lustigen Weiber, Her-
rinnen der Handlung, inszenieren ihre eigene Komödie.

Was ist komisch? Zweierlei, finden die Weiber, die
Libido und die Eifersucht. Was ist ernst, bitter ernst,

vielleicht sogar tragisch? Die Libido und die Eifersucht. Tragisch nimmt der drollige Herr Fluth die Aussicht, daß ihm Hörner aufgesetzt werden oder schon aufgesetzt worden sind. Er begeht, nicht juristisch, aber atmosphärisch, zweimal Hausfriedensbruch, indem er, durchaus mit gutem Grund, bei sich daheim nach dem verborgenen Verführer fahndet und dabei das Unterste zuoberst kehrt. Frau Fluth genießt es und lacht ihn aus, worauf er noch wütender und seine Frau noch genußsüchtiger wird. In einem Zwiegesang der Zwietracht reimt sich „Höre meiner Rache Schwur!" auf ein gereiztes „Lache nur!", reimen sich blinde Wut und Heiterkeit. Überhaupt trägt das Ehepaar Fluth seinen deutschen Namen der vielen Reime wegen, die dieser ermöglicht, und nicht anders verhält es sich mit Herrn und Frau Reich.

Falstaffs Möbelstück ist der Tisch und nicht das Bett. Dort hat er keine Gesellschaft, obwohl er liebend gern eine hätte und sich einbildet, binnen kurzem eine zu haben. Bei Tisch aber trinkt er die Leute unter diesen. Seinen Alkoholkonsum begründet der schwere Baß mit einer geistesgeschichtlich unanfechtbaren Feststellung: „Bacchus trank auch, ja, Bacchus trank auch." Kompliment, H. S. Mosenthal, für die Epigrammatik dieser Ausrede. Kompliment, Otto Nicolai, für die beinahe zwei Oktaven, den vorgeschriebenen Stimmumfang von „ja" bis „auch". Die Tiefe des letzten Tones E kündet von der Tiefe des Mythos und nebenher von den Abgründen des Suffs. Dann wieder muß die tiefe Männerstimme hinauf in Sopranregionen, denn wenn sie „Au" schreit, intoniert sie ein Es, das nahezu drei Oktaven über jenem rabenschwarzen E liegt. Um von Fluth nur geschlagen, nicht aber totgeschlagen zu werden, hat Falstaff sich als alte Frau verkleidet und singt folgerichtig Falsett.

Das Spiel mit dem Feuer, das fahrplanmäßig gelöscht wird, gefiel den Opernfreunden seit 1851. Shakespeares „merry wives of Windsor" wurden samt ihrem korpulenten Verehrer noch erfolgreicher germanisiert als Hamlet oder Junker Bleichenwang. Dem hartnäckig sich haltenden Publikumswunsch, das Melos möge einprägsam sein, kam Nicolai hundert Jahre lang mit leichter Hand nach. Doch dann erwischte es sein Zugstück. Der Spruch, das Bessere sei der Feind des Guten, bewahrheitete sich auf ungewöhnlich hinterhältige Weise. Dabei war es in der ersten Hälfte des 20. Jahrhunderts noch gar nicht ausgemacht, daß Giuseppe Verdis „Falstaff" sich auch nördlich der Alpen durchsetzen werde. Solange nur die Gourmets, Richard Strauss etwa, von diesem Alterswerk begeistert waren, sonst aber die Meinung vorherrschte, Verdi habe mit dem hohlen Trunkenbold die holde Aida und damit sich selbst stilistisch verraten, hatten die lustigen deutschen Weiber noch eine Chance. Doch in der zweiten Jahrhunderthälfte überwältigten die Qualitäten der anglo-italienischen Komödie die ohnehin geneigten Ohren und in einem ruppigeren Wortsinn auch den Nachruhm des braven Otto Nicolai.

Schade. Schwerlich wird sich ein musikalisches Thema finden lassen, das die Vorstellung vom deut-

schen Märchenwald mit solcher selbstverständlichen
Sicherheit trifft wie jenes weite Motiv im Viervierteltakt, das die Ouvertüre eröffnet und später in der Mit-
ternachtsszene wiederkehrt. Selten entfaltet sich der
Charme der Schüchternheit so vertrauenerweckend wie
in Fentons E-Dur-Romanze „Horch, die Lerche singt
im Hain". Wohl nie ist der schlichte Ausruf „Wie freu'
ich mich, wie freu' ich mich" so komponiert worden,
daß der Rundfunkhörer den Eindruck gewinnt, zwei
Männer rieben sich vor lauter Vergnügen die Hände.
Doch obwohl Nicolai bei den Italienern die Leichtig-
keit gelernt hat, wird ihm ein Kollege aus dem Süden
postum zum Verhängnis. Auch diesem behagt, was
Nicolai nicht abstößt, den zartbesaiteten Opernfreund
aber vielleicht doch: die öffentliche Erniedrigung eines
Menschen, möge er auch so geil und so plump sein wie
Falstaff. Ihn zu zwicken, ihn zu sengen, ihn zu stechen,
„ihn zu drehn, bis die Sinne ihm vergehn", verlangt bei
Nicolai der Chor, denn Falstaff soll befürchten, er werde
zur Strafe umgebracht. Hier höre der Spaß auf, wird
der Mensch mit den zarten Saiten meinen und damit
Recht behalten, denn bald hört die ganze Oper auf und
damit auch ihre liebenswürdige Musik.

Gounod gerichtet? Gerettet!

Vielleicht hätte Goethe sich tatsächlich im Grabe umgedreht, wenn derlei ontologisch möglich wäre. Was Komponisten für ein Kompliment hielten, die Vertonung seiner Verse, betrachtete er in der Regel als Beleidigung, weil seiner Poesie offenbar Ergänzungsbedürftigkeit unterstellt wurde. Um zu verdeutlichen, daß ihnen der Unterschied zwischen erhabenen Knittelversen und einer hübschen französischen Oper durchaus bewußt sei, tauften rechtsrheinische Theaterleiter des 19. Jahrhunderts Charles Gounods „Faust" in „Margarethe" um. Nein, sie schrieben nicht „Gretchen" auf das Etikett, weil sie fürchteten, selbst damit Goethe noch zu nahe zu treten. Die Änderung des Titels ist freilich insofern begrüßenswert, als unseren polyglotten Angebern die Lust genommen wurde, von der Oper „Fohst" zu sprechen.

Librettisten sollen keine langen Worte machen, weil sonst der Komponist keinen Platz hat für lange Töne. Faust, der Tenor, beginnt folglich seinen Monolog kurz und bündig mit „Rien". Die von Faust, dem Schauspieler, beklagte Vergeblichkeit philosophischer, juristischer, medizinischer und theologischer Studien ist damit aufs knappste bezeichnet. Dafür beugt sich Faust, der Tenor, dem hochmusikalischen Gesetz der Wiederholung und führt die Kristallschale mit Gift gleich zweimal an seine Lippen. Von den Selbstmordversuchen bringt ihn aber kein Engelschor ab, fürs erste nicht einmal der Chor junger französischer Mädchen, mögen diese auch versichern, die ganze Natur erwache zu „l'amour". Erst ein Landarbeiterchor bewahrt ihn vor einem kräftigen Schluck, wozu Goethes vernachlässigte Worte „Die Erde hat mich wieder" eigentlich gut gepaßt hätten.

Mephistopheles setzt sich nicht als Pudel in Szene, sondern von Anfang an als Mephistopheles. Faust ruft nach dem Satan, und schon ist dieser da und singt: „Me voici." Er hat einen schweren, rabenschwarzen, gewissermaßen seriösen Buffobaß und eine Riesenrolle. Sein Reißer ist das Chanson vom Goldenen Kalb, für das der deutsche Übersetzer die wahrhaft goldrichtige Sentenz gefunden hat, das Gold regiere die Welt. Nicht minder hat dem Publikum seit je jener Chor-Walzer behagt, der Fausts erste Begegnung mit Margarethe umrahmt. Dem angenehmen, weil unorganisierten und spazierengehenden Volk eine harmonische Stimme zu verleihen ist auf der Sprechbühne so gut wie aussichtslos, denn entweder skandiert jeder, oder alle reden durcheinander. Von Anbeginn an haben die Opern dieses Problem homophon oder polyphon, auf jeden Fall mit äußerster Eleganz gelöst.

In Bestform ist die Gattung Große Oper auch, wenn der Sopran, sehnsuchtsvoll einsetzend, in einem drängenden Crescendo den Imperativ „Viens!" erreicht, der Tenor diesen Aufschwung mit einem ekstatischen „Marguerite!" krönt, Mephistopheles mit einem höhnischen Fortissimo-Gelächter die Stimmung schändet und das Orchester, das hier spielen muß, als gehe es um Sein oder Nichtsein, von der Schönheit und der Tragik sich erfüllender Liebe singt. An den Schmelz und den Schmerz von „Meine Ruh ist hin, mein Herz ist schwer" wagt sich Gounod jedoch nicht heran. Er vertont den „König von Thule" und komponiert eine charmante und spritzige Juwelenarie, vergißt auch nicht, seine Margarethe zur Bestätigung männlicher Zuneigung die Blütenblätter einer Margerite zählen zu lassen – doch dann verhält er sich so, als kennte er seine Grenzen.

Dafür fällt ihm die köstlichste Hommage für Gretchen ein. Der nach den Reizen dieser Erde gierende Faust wird nicht nur zu den häßlichen Hexen des Harz, sondern auch zu den schönsten Frauen der Antike geführt, zu nubischen und trojanischen Tänzerinnen, vor allem zu Kleopatra und zu Phryne, einer ersten Adresse unter den griechischen Hetären. Da aber siegt, mag Phryne sich auch noch so orgiastisch benehmen, im Kopfe Fausts eine Vision seiner Margarethe über das verführerischste Ballett. Monsieur Gounod und meine Herren Librettisten, Monsieur Barbier und Monsieur Carré, das ist galant und verdient die Anerkennung der deutschen Opernfans, an denen die neunmalkluge Bemerkung, die Idee stamme zur Hälfte aus „Faust II", hoffentlich abprallen wird.

Bei Goethe läßt sich die Kindsmörderin, das im Kerker schmachtende Gretchen, deshalb nicht von Faust retten, weil er, wie sie findet, nicht mehr küßt, wie er früher zu küssen verstand, nicht mehr so, als wolle er sie mit seinen Küssen ersticken. Eine Entscheidung über Leben und Tod, hier über Liebe und Tod, von der Qualität männlicher Zärtlichkeit abhängig zu machen, ist ein an Genialität kaum zu überbietender Einfall. Er hat nur einen Nachteil. Ist es schon schwierig, zu küssen und zu deklamieren, so ist es nahezu unmöglich, zu küssen und zu singen. Doch haben die Franzosen eine künstlerisch packende Ersatzlösung gefunden. Margarethe zitiert Note für Note ihren allerersten Wortwechsel mit Faust, wobei sich die von Gretchen schelmisch beanstandeten Begriffe „Fräulein" und „schön" auf einmal reimen: „demoiselle" und „belle". Damals, in der Walzer-Szene, hat er ihr seinen Arm angeboten, und sie hat diesen verschmäht, aber eben nur vorübergehend verschmäht. Jetzt erinnert sie sich des wunderbaren Augenblicks reiner, ungetrübter Verheißung. Da diese getrogen hat, verschmäht sie den Arm wiederum, nun aber endgültig. „Sie ist gerichtet!" sagt in Deutschland Mephisto. Die Verkündigung „Ist gerettet", Goethes „Stimme von oben", wird in der Oper zu einem mächtigen Chor der Engel, in den der Opernfreund mit seinem vielleicht unzureichenden Organ einfällt. Sollte nämlich jemand behaupten, Gounods Oper sei „jugé", wird er erwidern: „Sauvé!"

Taktischer Fehler: Lieb sein

Carmen, ein Verhängnis auf zwei Beinen, ist als Charakter ein klarer Fall. Sie fasziniert, weil kein Mensch es für möglich hält, daß eine Frau so unkompliziert sein kann. Wer wollte, könnte sie berechnen, doch genau das will keiner, der sich in sie vergafft. Mit elementarer, simpel strukturierter Egozentrik beträte und verließe sie auch einen fünften und sechsten Schauplatz, würde sie nicht auf dem vierten, am Eingang zur Stierkampfarena, von einem Verehrer niedergestochen. Der Ermordung gehen in ihrem Köpfchen keine seelischen Konflikte voraus, höchstens ein gewisser Unmut darüber, daß ausgerechnet ihr die Karten den Tod prophezeien. Karo und Pik nimmt sie sich für einen Moment zu Herzen, sonst kaum etwas, am wenigsten die Turbulenzen, die sie in der Seele männlicher Weggefährten auslöst.

Carmen, auch Carmencita gerufen, geht keine Bindungen ein, was Don José nicht wahrhaben will, obwohl sie es ihm genußvoll verdeutlicht. Er wird anfangs von ihr geliebt, beherzigt aber nicht den guten Rat, den sie in ihrer Habanera jedem gibt, dem das passieren sollte: „Prends garde à toi!" Während Carmens wilde Weiblichkeit nur diejenigen verwirrt, die sich selbst mit Blindheit schlagen, führt Don Josés differenzierte Männlichkeit auch kluge Beobachterinnen in die Irre. Manche halten ihn für einen Waschlappen, der noch von Glück sagen könne, von einer Frau wie Carmen überhaupt zur Kenntnis genommen worden zu sein, sich aber nicht zu wundern brauche, wenn sie seiner überdrüssig werde, zumal in Gestalt des Toreros Escamillo ein mehr als ausreichender Ersatz die Szene betreten habe.

Nun, in Prosper Mérimées Carmen-Novelle verbreitet Don José erst einmal Furcht und Schrecken, denn er tritt als der größte Räuber Andalusiens auf. Das Librettistenduo Meilhac und Halévy hat ihn schon etwas gezähmt und Georges Bizet ihm manche sanfte, zarte Kantilene in den tenoralen Mund gelegt. Das wiederum brachte einige Sänger mit geringem Stimmvolumen und daraus sich ergebender Affinität zur Weinerlichkeit auf die Idee, aus dem Brigadier einen der größten Schlappschwänze des Opernrepertoires zu machen.

Dabei spricht es schon für diesen Mann, daß Micaéla ihn liebt, ein Bauernmädchen mit dem Herzen auf dem rechten Fleck, das keine Demütigung und keine Strapaze scheut, um ihn aus einer schlechten, wenngleich bühnenwirksamen Gesellschaft von Schmugglern und Banditen zu befreien. Da José jedoch von Haus aus ein pflichtbewußter und ordnungsliebender Mensch ist, betören ihn Gesetzlosigkeit und Libertinage mehr als Micaélas Familiensinn. Verächterinnen müßten ihm eigentlich zugute halten, daß er, vorzeigbar und in offenbar gesicherter militärischer Stellung, einer Zigeunerin wegen desertiert und ihr zuliebe die Unannehmlichkeiten eines wenig zivilisierten und halbkriminellen Lebensstils auf sich nimmt.

Da ihn deshalb aber die Verächterinnen erst recht nicht mögen, sei deren Aufmerksamkeit auf Escamillo gelenkt, den Strahlemann und Wichtigtuer, den Sänger von „Toréador, en garde! Toréador, Toréador!" Wer wird wen das Fürchten lehren, wenn dieser Bariton und der arme Tenor einen Kampf mit dem Messer austragen? Siehe da, es obsiegt Don José. Und plötzlich findet er, bis aufs Blut gereizt, auch die richtigen Töne für Carmencita. Endlich bäumt er sich stimmlich auf, endlich befolgt er Lohengrins Rezept, eine dringliche melodische Phrase einen halben Ton höher zu wiederholen, endlich verzichtet er auf jenen Schmelz, der sein berühmtestes Gesangsstück charakterisiert, die Blumen-Arie zum Thema Gefängnisaufenthalt aus Liebe.

Aber vor der Stierkampfarena ist er wieder der geprügelte Hund von ehedem und leistet sich zwei psychologische Kardinalfehler. Obwohl Carmen von ihm rein gar nichts mehr will, weder Anhänglichkeit noch irgendeine Bereitschaft, ist er bereit für alles, was sich gemeinsam arrangieren ließe. Außerdem meint er, daß einer toten Liebe gegenüber die Bitte um Mitleid der probate Wiederbelebungsversuch sei. Er singt weich und wunderschön, doch selbst wenn er noch schöner sänge, hätte er mit solcher Taktik kein Glück, weder bei der nächstbesten Frau noch bei den bereits erwähnten Verächterinnen, und bei Carmen schon gleich gar nicht. Einen Ring, den er ihr geschenkt hat, wirft sie ihm mit einem „Tiens!" vor die Füße. Manche Sängerin, die genau weiß, daß sie sofort sterben wird, und deshalb ihre Stimme nicht mehr schonen zu müssen glaubt, kreischt dieses „Tiens!" so grell und schrill wie möglich, als solle der Schrei den Schöngesang desavouieren wie der Wurf die einstige Zuneigung. Don José erwidert „Eh bien, damnée!" und sticht die Geliebte nieder. Hat er sich ermannt, kurz bevor der Vorhang fällt? Nein, denken viele Tenöre und bleiben auf der Leiche liegen, auf die sie sich in ihrer Liebesraserei geworfen haben. Ja, denken Meilhac-Halévy und schreiben vor, daß er, einverstanden mit seiner Verhaftung, sich erhebe.

Schade um Carmen. Eigentlich sollten hübsche Frauen nicht zu früh umgebracht werden. Wie aber sieht sie aus, die Don José um den Verstand bringt und Friedrich Nietzsche beinahe auch? Ihre Vipernrhythmik und ihr Schlangenlegato bedürfen einer geschmeidigen Stimme mit einem lasziven Timbre, das wichtiger ist als die Frage, ob Sopran, Mezzo oder Alt. Halt, nicht ausweichen! Wie sieht sie aus? José erwähnt anfangs ihren Teint, ihren Mund, ihre Augen, schildert aber nie diese Frau – verständlicherweise, denn wie Feuer und Wasser sind Verzückung und stilistische Präzision. Am Schluß, vor der Leiche stehend, formuliert er gewohnt unscharf: „Ma Carmen adorée." Er liebt sie also noch immer.

Weg mit dir, ich liebe dich

*B*evor Tatjana etwas tut, was ihr in Deutschland den Rüffel „Das tut man nicht" eingetragen hätte, holt sie melodisch Schwung und spricht sich Mut zu. „Puskai pogibnu ya" wäre mit einem saloppen „Dann sterb' ich halt" zu übersetzen oder mit einem pathetischen „Und wenn's mein Ende wär'". Tatsächlich riskiert Tatjana viel, wenn sie sich dem Titelhelden schriftlich an den Hals wirft. Schließlich sind wir im 19. Jahrhundert, dazu in Rußland auf dem Lande, wo eine junge, noch zu verheiratende Frau ihren guten Ruf am besten durch emotionale Zurückhaltung pflegt. Geld ist, weil beiderseits vorhanden, schließlich nicht alles. Was sie aufs Spiel setzt, weiß Tatjana genau, und Alexander Puschkin wußte es auch, als er seinem Versroman „Eugen Onegin" den Liebesbrief in voller Länge einverleibte. Glücklicherweise weiß es auch Peter Tschaikowsky, der skrupulös vertont, was Tatjana durch den Kopf geht, wenn sie in stiller Nacht, gekleidet in ein Gewand, in dem es sich besser liegt als sitzt, an einem Tisch zur Feder greift, schreibt, innehält und wieder schreibt.

Tatjanas köstlicher Regelverstoß dauert in der Oper ungefähr vierzehn Minuten, was für einen Monolog der Leidenschaft eine Menge Zeit ist, was die Ungeheuerlichkeit des Vorgangs aber unterstreicht. Zu den Formulierungen, die von der Schreiberin verworfen werden, erfindet Tschaikowsky ein schwermütiges, zu jenen, die ihr glücken, ein flüssiges, ja schelmisches Motiv. Es ist keine Transuse, die da ihr Herz ausschüttet, und keine Landpomeranze. Schildert sie ihr Traumbild, verlangsamt sie zärtlich das Tempo, beschleunigt es aber wieder nach wenigen Takten, weil der erträumte Mann, kein anderer als der Adressat, unzweifelhaft der Wirklichkeit angehört. Es folgt eine Kantilene von willkommener Vielseitigkeit – voll süßen Schmerzes im Part der Oboe, voll drängender Zweifel im Munde des Soprans und voller Siegeszuversicht im Legato des ganzen Orchesters.

Womit gesagt sein soll, daß der Komponist es auf Unwiderstehlichkeit abgesehen hat. Während die männlichen Opernbesucher sich das, was Tatjana erfleht hat, nicht zweimal sagen lassen würden, zeigt ihr der einzige Mann, an dessen Ergriffenheit ihr liegt, in der nächsten Szene die kalte Schulter. Leider ist an ihm nicht nur die Schulter kalt, sondern auch die Einzelgängerseele. Kein Mensch billigt das, nicht einmal der Tonsetzer. Der verhängt, vielleicht ohne es zu wollen, über den blasierten Bariton eine harte Theaterstrafe. Im wichtigsten Moment gönnt er ihm zwar ein wenig Melos, aber keinen Glanz, am wenigsten einen dämonischen oder diabolischen.

Die Gelegenheit, seinerseits einen langen Brief zu schreiben, à la Tatjana an Tatjana, bietet seinem Titelhelden Puschkin, nicht aber Tschaikowsky, soviel Originaltext er auch sonst verwendet. Nach Jahren ist es nämlich Onegin, der über beide Ohren verliebt ist, aus allertiefstem Herzen und so unsouverän wie du und ich, bar aller Selbstironie und mit einer Hundertfünfzigprozentigkeit, von der, wie er vergessen hat, die Philosophie abrät. Tatjana allerdings hat nicht ewig warten wollen, weder auf ihn noch auf seine Sinnesänderung, sondern in St. Petersburg geheiratet, und zwar einen Pfundskerl und nicht, wie einige Regisseure meinen, einen betuchten Sabbergreis. Fürst Gremin bietet seiner Gattin dreierlei, ein Leben in Saus und Braus, seinen sehr guten, militärisch angehauchten Namen sowie einen von den besten Sängern ihres Faches eingesetzten Baß. Gremin singt nicht viel, und es scheint, als habe er das nicht nötig. Im Grunde singt er nur eine Arie, die aber hat es in sich, die ist im Nu der größte Ohrwurm der ganzen Oper geworden und sticht in der Gunst der Hörer sogar die Tenorarie aus, die Onegins einstiger Freund Lenski vorträgt, bevor er von der Titelfigur im Duell erschossen wird. Als Gesellschaftslöwe und Duellant, als Zyniker und verliebter Antizyniker singt Onegin den ganzen Abend und bringt es doch nie zum stillen Glanz der Tenor-Nummer, geschweige denn zur Durchschlagskraft von „Ein jeder kennt die Lieb' auf Erden", wie des glücklichen Gatten Solostück auf deutsch heißt.

Der seelisch ein wenig auf den Hund gekommene Onegin wünscht sich, ganz nach Art von Hinz und Kunz, die Erwiderung seiner Gefühle. Tatjana, gesellschaftlich versiert und daher gezielter Bosheiten fähig, unterstellt ihm, er giere nur nach dem Ruhm, auch in den höheren Kreisen als Verführer zu wüten. Damit

zahlt sie ihm den Hochmut heim, unter dem sie einst
so gelitten. Dann aber sagt sie, was zu hören er allein
begehrt. Sie gesteht, daß sie ihn liebe, ja, immer noch.
Bei Puschkin ist das nur ein Vers, doch hätten auch
andere Komponisten als Tschaikowsky nicht gezögert,
musikalisch ein wenig auszuschlachten, was schon
Musik ist, wenn auch nur in den Ohren Onegins. Doch
damit verbunden ist der dezente Knalleffekt, die Erklärung Tatjanas, daß ihre nie erloschene Liebe nichts an
ihrem Willen ändere, bei ihrem Mann zu bleiben und
dem zu spät verehrenden Verehrer den Laufpaß zu
geben.

Sollten sich die Romanleser und Opernfreunde an
keine andere Gestalt erinnern können, die so seltsam,
so höchstpersönlich fühlt und reagiert wie die bezau-
bernde Tatjana, wäre das nur ein weiterer Beweis für
die Einzigartigkeit der epischen Dichtung. Ihr wichtig-
stes Motiv ist der Kairos, der von der Ewigkeit erfüllte
und dennoch unwiederbringliche Augenblick. Eugen
Onegin hat ihn, als er Tatjanas Liebesbrief in Händen
hielt, nicht wahrgenommen und kam sich dabei ganz
großartig vor. So kommen sich die Menschen meistens
vor, wenn sie ihre Dummheiten begehen.

Dreimal die falsche Frau

Unter anderem wird den Männern nachgesagt, sie seien in ihren Gefühlen konservativ und fielen stets auf den gleichen Frauentyp herein. Bei Jacques Offenbach verliebt sich der romantische Dichter Hoffmann, hinter dem tatsächlich unser E. T. A. steckt, erst einmal in eine Puppe. Sie, Olympia, ist ein Roboter, aber ein anmutiger, allerdings keine deutsche Wertarbeit, sondern eine italienisch-französische. Auf daß er vollends von ihr hingerissen werde, setzt Hoffmann eine magische Brille auf, was an die volkstümliche und trotzdem metaphysische Überlegung erinnert, durch welche Brille wohl dieser oder jener Mann geblickt habe, als er irgendeine Furie für eine Fee hielt. Auch Opernfans bedienen sich gelegentlich, und kein Komponist beugt dem vor, eines seelischen Augenglases, um eine füllige Sopranistin als die zarteste aller Jungfrauen wahrzunehmen. Mit Olympia pflegen die Zuschauer zufrieden zu sein, denn auf das bißchen Grazie, das sie von einem mechanischen Körper erwarten, versteht sich die Sängerin in der Regel. Ohnehin kommt ihr die Unsterblichkeit eines Bühneneffekts zugute. Mitten in der Arie erlahmt der Mechanismus, setzt aus und setzt wieder ein, denn ein Gehilfe ist herbeigesprungen und hat ihn wie eine Uhr wieder aufgezogen. In der Konversation mit Hoffmann ist Olympia schwach. Eigentlich sagt sie nur immerzu „Oui", doch ihm genügt das, wie überhaupt solche Genügsamkeit neben vielem anderen den Männern insgesamt nachgesagt wird.

Daß auf Leidenschaft Verlaß ist, auf Einsicht aber nicht, weiß Jules Barbier, der Textdichter. Deshalb muß Hoffmann im nächsten Akt die hochnäsige und vorerst rhetorische Frage stellen, wer denn schon eine Kurtisane liebe. Binnen kurzem ist genau er es, der den Fehler aller Fehler begeht, einer sich selbst vermarktenden Schönheit zu verfallen, und das auch noch herzinniglichst. Leute von Welt zucken die Achseln und ahnen das Ende des Aktes, das für Hoffmann erwartungsgemäß niederschmetternd ist, denn im Gegensatz zum Publikum hat er nichts von der Musik, hier von der stimmungsvollsten, sinnlichsten und simpelsten Barkarole der Operngeschichte.

Bühnenbildner, die dem Zuschauer nicht mitteilen, daß der soeben skizzierte Giulietta-Akt in Venedig spielt, werden ihm erst recht nicht verraten, daß Antonia, Hoffmanns dritte Liebe, in München wohnt. Antonia ist krank, so krank, daß sie nicht singen darf, obwohl sie einst hervorragend sang und wohl auch wieder so sänge, entschlösse sie sich nur dazu. Da die Liebe zur Kunst größer ist als die zu Hoffmann, entschließt sie sich wirklich, riskiert in B-Dur und A-Dur ihr Leben, verliert es musikalisch makellos und überläßt mit ihrem Tod den untröstlichen Titelhelden der nächsten Frau.

Die aber ist keine Olympia, keine Giulietta und keine Antonia, sondern seine Muse, der zartfühlende Schöpfergeist des Ernst Theodor Amadeus Hoffmann. In der

72

besten von mehreren Fassungen, jener französischen, die sich in der Hinterlassenschaft des Komponisten fand, ist die Muse eine Sprechrolle und hebt sich damit ab von den singenden Damen, die dem deutschen Poeten kein Glück gebracht haben. Wenn sie über einem säuselnden Orchester „Je t'aime, Offmann" gesagt hat, wiederholt er zum Dank die brillante Arie, deren erste Hörerin die venezianische Dirne gewesen ist. Den Männern wird ja oft nachgesagt, sie wechselten zwar die Frauen, nie aber ihr gurrendes Repertoire. Eine hochinteressante Unterstellung, über die jedoch nicht die wichtigste Nachrede vergessen werden darf, die Männer erlägen immer demselben Typ.

Eine mechanische, eine käufliche und eine todkranke Frau haben die Gemeinsamkeit, daß sie zu lieben einigermaßen aussichtslos ist. Nach Art der mehrfach erwähnten Männer wie der meisten Operntenöre möchte Hoffmann nicht nur lieben, sondern auch geliebt werden. In seiner Extravaganz bevorzugt er aber erotische Einbahnstraßen. Olympia kann seine Gefühle nicht erwidern, Giulietta will es nicht, obwohl sie so tut, als wolle sie doch, während Antonia durchaus möchte, aber nur in zweiter Hinsicht. Bei der einen sind ontologische Gründe ausschlaggebend, bei der anderen berufliche, bei der dritten musikalische und medizinische. Kurzum, alle drei sind nichts für unseren Tenor. Folglich ist es keine bizarre, sondern eine dem Verständnis dienende Idee, die drei Rollen mit einer einzigen Sopranistin zu besetzen. Da aber gute Ideen gut für den Notfall sind, möge jedes Opernhaus ohne dramaturgische Skrupel drei geniale Sopranistinnen beschäftigen.

Es werden sich doch nicht auch noch die Gegenspieler ähneln, die Feinde und die falschen Freunde? Im Lauf des Abends treten vier Baritone auf, alle eingeführt von der gleichen knurrenden Baßfigur des Orchesters und alle sehr geeignet für einen einzigen Darsteller. In seinem jeweiligen Milieu ist jeder der vier eine Respektsperson: Unter Handwerkern Coppelius, ein begnadeter Optiker, in der venezianischen Halbwelt Dapertutto, ein dämonischer Zuhälter, unter Musikern Doktor Mirakel, ein leidenschaftlicher Seelenverführer, und im Berliner Bürgertum Stadtrat Lindorf, der im Vorspiel die Antipathien des Publikums entfacht und im Nachspiel bestätigt. Er spannt dem armen Hoffmann die neueste Erwerbung aus, die Sängerin Stella, die auch in Mailand tätig ist, hier auf der Bühne aber kaum den Mund aufmacht, weshalb niemand weiß, ob sie tatsächlich Olympia, Giulietta und Antonia in einer Person wäre. Überliefert ist die Angst abergläubischer Intendanten, „Les contes d'Hoffmann" in den Spielplan aufzunehmen. Denn im Dezember 1881 war das Wiener Ringtheater in Flammen aufgegangen, als gerade „Hoffmanns Erzählungen" gegeben werden sollte. Steckte Doktor Mirakel dahinter? Oder Dapertutto, der Herr Überall?

Welche Frau will schon erlösen

*D*er Fliegende Holländer fliegt nicht, sondern fährt zur See. Er treibt nicht Handel, schmuggelt keine Waffen und überfällt nicht einmal Schiffe, deren Mannschaften weniger taugen als die seine. Er hat nichts anderes zu tun als Urlaub und noch einmal Urlaub zu machen und dabei auf den Weltmeeren zu segeln. Der Satan hat ihn zum Tourismus verdammt, was der weise Richard Wagner für eine wahre Höllenstrafe hält. Andauernd Atlantik! Immerzu Karibik!

Fortwährend Stiller Ozean! In grauer Vorzeit hat der Holländer bei hierfür ungünstiger Witterung ein Kap umschiffen wollen und nach einem Fehlschlag im Selbstgespräch gelobt, von dem Versuch „in Ewigkeit" nicht abzulassen. Der Teufel verhielt sich besonders teuflisch, indem er das arme Menschenkind von Kapitän beim Wort nahm und zur Hochseesegelei in Ewigkeit verdammte. Mit keinem von uns sollte der Fürst der Unterwelt so brutal umspringen. Wir sind sprachbegabte Wesen und können nicht jedes unserer zahllosen Worte vorher bedenken. Ein Leben aber, das nicht irgendwann aufhört wie eine gute Oper auch, ist nicht lebenswert. Die Realisten werden jetzt sagen, der lebensmüde Kapitän hätte sich in eine Seeschlacht stürzen oder sein Schiff samt Besatzung in einen Meeresgraben dirigieren sollen. Da aber Satan schon längst so schlau ist wie die Realisten, hat er nicht nur der Selbstverstümmelung, sondern auch jeder Sachbeschädigung vorgebaut und das Schiff wasserdicht, feuerfest und kugelsicher gemacht.

Der Gipfel der Teufelei ist das Rettungsangebot. Ein Weib – welch schönes, weiches Wort – kann den Holländer erlösen, vom Fluch, vom Dauerurlaub und vom Leben, ein seltenes Weib, das dem Fremdling bis in den Tod treu bleibt. Mit keiner anderen Rarität, höchstens noch mit der Leidenschaft, hat sich Wagner so gern beschäftigt wie mit der Erlösung. Hier, in der ersten für ihn typischen Oper, darf der Held alle sieben Jahre an Land gehen, wo er zu seinem Kummer feststellt, daß den Frauen gerade dieses Thema nicht liegt. Sie wollen lieben und geliebt werden, wollen sogar Kinder kriegen und einem Mann den Haushalt führen, wollen trösten, streicheln, Mut zusprechen, aber nicht erlösen. Sie sind bereit, einen ernsten und elenden Herrn, der Geld wie Heu hat, in ihre Arme zu schließen, sind sicher auch bereit, sein Seemannsgarn zu ertragen und seine langweiligen, sich wiederholenden Geschichten, nicht aber, ihn zu erlösen.

Als Heinrich Heine „aus den Memoiren des Herrn von Schnabelewopski" berichtete und auf die Fabel vom Fliegenden Holländer zu sprechen kam, fühlte er wie viele Spötter die leidige Verpflichtung, dem Spott eine Stoßrichtung zu geben. Unter den verfügbaren Zielscheiben suchte er sich den Erlösungsgedanken heraus, was für ihn den Vorteil hatte, daß dabei auch die Frauen ihr Fett abbekamen. Er schrieb nämlich, nach jedem Landaufenthalt sei der Holländer jeweils froh gewesen, die Erlöserin wieder los zu sein. Auch fügte er hinzu, die Fabel lehre, wie wir, die Männer, „durch die Weiber im günstigsten Falle zugrunde gehen".

Der Holländer wird Heine da nicht zustimmen, denn für den leidenden, weil nicht leidgeprüften Seemann ist das ewige Leben die Hölle und der Tod die Auferstehung. Das Publikum sieht und hört den verdammten Mann im ersten Akt, ihn und seinen künftigen norwegischen Schwiegervater, nicht aber dessen Tochter Senta. Im zweiten Akt sieht und hört es endlich Senta, aber nicht gleich den Holländer. Doch wenn die Regie nicht ausflippt und der hochdramatische Sopran richtig singt und summt und spielt, merkt das Publikum sofort: Das ist sie. Die hat er gesucht. Eine solche Frau, so exaltiert und so versponnen, leicht hysterisch und dennoch ihres Gefühls völlig sicher, ist das rechte Weib für den reiseunlustigen Globetrotter. Ein Verehrer namens Erik schmachtet da auf verlorenem Posten. Heldentenöre, an erotische Siege gewöhnt, können deshalb diese Rolle nicht ausstehen.

Wenn der Holländer bei der Tür hereinkommt, beginnt eine Liebesszene, wie vor Wagner sie noch keiner komponiert hat. Totenstille. Nur Paukenschläge sind zu vernehmen, piano, sieben Takte lang in gleicher Höhe, als schlüge doch ein Herz. Es folgt eine verlorene, leittonlose Streicherpassage. Der überflüssige Vater wundert sich und stört schließlich die erhabene Ruhe mit einer formvollendeten Arie. Mit diesem Geniestreich desavouiert der Komponist das, was er immer weniger mag, die Arie als solche. Abgang des Vaters. Erwartungsvoll verklingt das Orchester. Das Fagott, nur das Fagott, erinnert an das sonst den Hörnern und dem schweren Blech zugewiesene Sturmmotiv des Holländers. Beliebig lange Generalpause. Und in die wiedergewonnene Totenstille dringt mezza voce und anfangs unbegleitet der Bariton mit seiner scheuen Huldigung an Senta.

Doch keine Sorge – die alte Oper hat den fast 30 Jahre alten Komponisten bald wieder. Der vergebens schmachtende Erik bringt es immerhin fertig, den Holländer glauben zu machen, er sei abermals betrogen worden und müsse wieder sieben Jahre lang unterwegs sein, ohne Lust, ohne Trost, doch mit hundertprozentiger Bestandsgarantie. Da erlöst Senta mit ihrem Freitod den Mann ihrer Träume, wobei sie nicht versäumt, dem Regisseur eine unlösbare Aufgabe zu stellen: Zwei verklärte Gestalten sollen himmelwärts schweben. Zuvor begehen alle Opernhäuser den gleichen Fehler. Damit die Mannschaft des Holländers die norwegischen Matrosen niedersingen kann, teilen sie ihren Herrenchor. Nein, zwei vollständige Chöre müssen gegeneinander schmettern, am besten die Sänger der Scala gegen die Sänger der Met.

Liebe, Lust und Langeweile

Zur Prinzipienfestigkeit gehören mindestens zwei Prinzipien. Denn ein ordentliches Prinzip hat mit seinem Verfechter durch dick und dünn zu gehen, offenen wie verdeckten Angriffen standzuhalten, wonnevollen Versuchungen zu widerstehen und über andere, mit gleicher Halsstarrigkeit sich bemerkbar machende Prinzipien zu obsiegen. Leuchtete diese Lebensregel dem Dramatiker Wagner drei Akte lang ein, so inspirierte sie den Komponisten Wagner bereits zu einer Ouvertüre von beispielhafter Zweiprinzipientreue. Nachdem verschiedene Instrumentengruppen das fromme Pilgerchor-Thema in aller Bescheidenheit vorgetragen haben, bemächtigen sich, so laut sie können, die drei Posaunen des glaubensfesten Motivs, begleitet oder besser belästigt von dreißig Violinen, die mit einer flackernden Tonfolge den Dezibelrekord des Blechs zu brechen trachten. Der Streit endet, sofern der Dirigent etwas taugt, unentschieden, worauf der Venusberg sich musikalisch auftut, angekündigt von einer emporzüngelnden Bratschen-Figur, ausgeschmückt mit wild wiegenden Weisen und gekrönt mit Tannhäusers vokaler Lustfanfare in Orchesterfassung. Der Pilgerchor scheint schon deshalb ausgespielt zu haben, weil er im Dreivierteltakt schreitet, die Hemmungslosigkeit aber im Viervierteltakt jauchzt. Dennoch triumphiert der Pilgerchor, denn wie durch ein himmlisches Wunder klingt er im Vierertakt fast genausogut. So geschmeidig ist Tannhäusers „Dir, Göttin der Liebe" mitnichten – versuche doch einer, das Lied im Walzertakt zu singen.

Jetzt dürfen alle Männer ihrer Phantasie freien Lauf lassen, denn Ort der Handlung ist der Venusberg, bevölkert von einsatzbereiten Körpern, dem Titelhelden als Gast sowie Venus höchstpersönlich. Seltsamerweise verhält sich Wagner, ein Fachmann für verbotene Früchte und als späterer Komponist des „Tristan" erotisch bestens ausgewiesen, in diesem Berg ein wenig lustlos. Wagnerianer, die aus dem Stegreif drei Dutzend Melodien ihres Idols trällern können, wären in größter Verlegenheit, müßten sie mit einer musikalischen Phrase die Göttin der Liebe zitieren. Verständlich, daß der Heldentenor mit dem nicht ortsüblichen Bekenntnis „Mein Heil ruht in Maria!" das Weite sucht. Maria ist in seinem Fall die heilige Elisabeth von Thüringen, die Wagner zur Nichte des Landgrafen machen muß, weil der ebenso heiligen wie historischen Ehefrau ausufernde Empfindungen für den tenoralen Minnesänger nicht zuzumuten wären.

Elisabeth, ein Sopran des jugendlich dramatischen Faches, singt Venus, einen Mezzosopran, in Grund und Boden. Beide Damen äußern sich pro domo, doch nach Elisabeths Hallenarie verweilt das Ohr mit Vergnügen auf der Wartburg und nimmt es gern in Kauf, daß diese vor den Klängen heidnischer Luxusweiber verhältnismäßig gut geschützt ist. Der schnelle Sieg der Keuschheit über die Wollust könnte mit dem Argument angezweifelt werden, im Minnesängerwettstreit kehre

Tannhäuser seelisch zum Venusberg zurück. Nun gut,
aber der Titelheld bereut diese emotionale Stippvisite
schnell, zumal ausgerechnet die heilige Elisabeth es ist,
die gegen ein wutschäumendes Minnesänger-Ensemble
ein gutes Wort für ihn einlegt.

Männliche Wesen, achtet auf den dritten Akt!
Venus, lasziv, aber unsterblich, wäre nie auf die Idee
gekommen, eines mittelalterlichen Sängers wegen auf
ihr Leben zu verzichten. In einer todtraurigen Arie, die
für das Lustprinzip einen weiteren schweren Schlag
bedeutet, kommt Elisabeth auf ebendiese Idee und
stirbt dann wohl eine Art von Liebestod, dessen medizinische Implikationen der Opernfreund, er sitze oben
oder unten, von oben herab als belanglos betrachten
darf. Da eröffnet sich im Prinzipienstreit der Göttin der
Liebe eine letzte Chance. Tannhäuser, müde von einem
Fußmarsch nach Rom und zurück, schwört in einem
für 1845 hochmodernen Monolog nicht nur der Arie,
sondern auch dem Papsttum ab, hat doch der Oberhirte
ihm, dem zerknirschtesten aller Sünder, die Absolution
verweigert. Schon läßt sich, diesmal auch über die Klarinetten, das emporzüngelnde Motiv vernehmen, schon
klingen wild-wiegende Weisen an, schon taucht als
Fata Morgana die leibhaftige Venus wieder auf, liebens-
würdig, verständnisinnig und aufs weichste gebettet.
Doch wie sie diese letzte Gelegenheit melodisch beim
Schopfe faßt, läßt jeden Wagnerianer kalt. Auch bedarf
es keines großen dramaturgischen Aufwands, um dem
schönen Fremdkörper die Bühnenexistenz zu nehmen
und Tannhäuser auf den Pfad der Tugend und der

höheren Musikalität zurückzuholen. Es genügt, daß Wolfram von Eschenbach, seinem lyrischen Bariton ein Fortissimo abringend, das aufrüttelnde „Elisabeth" schmettert, eine technisch einfache Passage, die jeder vom Blatt singen könnte.

Tannhäuser, hatte der Papst geunkt, werde sowenig erlöst werden, wie am dürren Holz seines Pilgerstabes frisches Grün sprießen könne. Als stilistische Leistung war das gar nicht übel, doch liebt es die Wirklichkeit, geglückte Formulierungen zu widerlegen. Während Tannhäuser seinen Geist aufgibt und es unklar bleibt, warum, aus Überanstrengung oder aus Kummer über den Tod Elisabeths, tragen junge Pilger einen ergrünten Priesterstab auf die Bühne. Vielleicht war der Pontifex maximus nur deshalb so unerbittlich, weil er sich vom Venusberg, in den Personen wie er gewöhnlich nicht eingeladen werden, übertrieben reizvolle Vorstellungen machte. Die Minnesänger Wolfram, Walter, Reinmar und Biterolf waren zwar auch nicht dort, sind jedoch zum Schluß klug genug, sich der Sünde zu erfreuen, indem sie diese ihrem toten Kollegen in feierlichem Es-Dur aufs harmonischste vergeben.

Wissensdurst im Brautgemach

*D*er Held überlebt im ersten Akt ein Gottesgericht, heiratet im zweiten und nennt erst im dritten seinen Namen: Lohengrin. Am liebsten hätte er sich bis zum Ende seines Lebens nicht vorgestellt, weder seiner Gattin Elsa noch dem König, noch irgendwem sonst im Herzogtum Brabant. Er gibt sich aber nur zu erkennen, um kurz darauf für immer zu verschwinden, etwa nach der Devise „Ein Mann, ein Wort". Von Anfang an hat Lohengrin in aller Offenheit zugegeben, daß er ein Geheimnis zu haben wünsche, und Elsa klar und deutlich davor gewarnt, sich nach seiner Identität zu erkundigen. Das Frageverbot besteht aus unmißverständlichen Worten und noch unmißverständlicheren Tönen, aus einem Ohrwurmmotiv in Moll, das Lohengrin vorträgt und der Eindringlichkeit wegen sofort einen halben Ton höher wiederholt. Alle auf der Bühne, Chor und Solisten, wissen Bescheid, ungefähr nach dem Motto: „Vertrauen gegen Vertrauen". Denn Lohengrin hat Elsa auf Anhieb und ohne Federlesens geglaubt, was ihr zuvor kein Mensch mehr ohne weiteres abgenommen hatte, daß sie nämlich schuldlos sei am Tod ihres kleinen Bruders Gottfried, der Herzog hätte werden sollen.

Elsa bezähmt ihre Neugier vor und nach der kirchlichen Trauung, aber nicht mehr im Brautgemach. Da Elsa Sängerin ist und Lohengrin Sänger, singen beide

auch dort und treiben nicht Dinge, für die keine Wag-
nerstimme vonnöten ist. Gerade deshalb stört den
empfindsamen Zuschauer das dauernd unbenützte
Bett, das Lieblingsrequisit der Antiwagnerianer unter
den Regisseuren. Diese lassen alles mögliche weg, den
berühmten Schwan, die deutsche Eiche und das roma-
nische Münster, nur nicht das lächerliche, weil funk-
tionslose Bett. Leo Slezak, ein Tenor mit satirischer
Begabung, bemerkte in einer Inhaltsangabe, Lohengrin
singe so lange, bis Elsa ihn frage, welchen Geschlechts
er sei. Wagnerianer Karajan dachte vielleicht an diese
Verleumdung, als er das Bett ersatzlos strich. Für Elsa
allerdings wäre es immer noch besser gewesen, sie hätte
die Slezak-Frage gestellt und nicht die nach den Perso-
nalien ihres Mannes. Doch da sie der Teufel reitet,
mißachtet sie heldentenorale Warnungen, mißachtet sie
Flöten, Oboen und Klarinetten, sogar zwei Hörner in
D und zwei in E, die allesamt das Verbotsmotiv blasen,
und dies zum Fortissimo-Tremolo der Violinen und
Violen. Wäre Elsa zur Besinnung gekommen, wenn
außerdem drei Fagotte, zwei Trompeten und drei
Posaunen nicht nur einen Akkord gestützt, sondern das
Thema ebenfalls aufgegriffen hätten? Wohl kaum.
Lohengrin ist Vertrauenssache. Es ist ihr Pech, daß sie
das nötige Vertrauen nicht aufbringt.

Viele Opernfreundinnen schlagen sich auf die Seite
der neugierigen Elsa, viele Opernfreunde auf die des
konsequenten Lohengrin. Immerhin habe dieser einen
Ehevertrag vorzuweisen, einen mündlichen zwar, aber
einen dennoch gültigen. Gerade Frauen von heute fän-

den, daß Eheverträge einzuhalten seien – oder fänden
sie es etwa nicht? Außerdem habe der geheimnisvolle
Fremde Elsa aus der Patsche geholfen, als ortsansässige
christliche Ritter für sie keinen Finger mehr krümmten.
Aha, mögen die Opernfreundinnen einwenden, er hat
also die Situation ausgenützt. Für eine augenblickliche
Leistung habe er eine unbefristete Gegenleistung verlangt. Alle Hochstapler und Heiratsschwindler seien
irgendwie glaubwürdig, weil sie sonst nicht schwindeln
und hochstapeln könnten. Schließlich kenne die Welt
das Wort vom schönen Schein. Wenn schon Schein,
dann genüge nicht schöner, dann reiche nur wunder-
schöner, könnten jetzt die Opernfreunde dazwischen-
rufen, seien doch die objektiven Choristinnen von
Lohengrin ganz hingerissen gewesen, kaum daß er ihre
Blicke zum ersten Mal auf sich gezogen habe. Vor
allem aber gehe der Adel einer Person nicht aus ihren
Papieren hervor, sondern aus ihrer Persönlichkeit. Was
am Ende der Oper von Lohengrin bekannt gewesen sei,
sein Gralsrittertum, hätte ihm Elsa drei Akte lang von
der Nasenspitze ablesen müssen. In solchen Momenten
dürfen Opernfreundinnen explodieren und mit Aus-
drücken wie „Papperlapapp" oder „Willst du partout
nicht verstehen?" um sich werfen. Keiner Frau sei
zuzumuten, mit einem Menschen zusammenzuleben,
dessen Vergangenheit sie nicht wenigstens in den gröbsten Umrissen kenne. Jawohl, einfach nicht zuzumuten.

Wie erfreulich, daß es einmal nicht Politiker, sondern Meister der Langlebigkeit sind, Bühnengestalten,
über deren Glaubwürdigkeit das Publikum streitet. Du

aber, Publikum, merke dir: Immer auf die Musik hören! Als Komponist nimmt Richard Wagner eindeutig Stellung. Alle Zartheit, deren seine Einbildungskraft fähig ist, alle Pracht, die seine Phantasie hervorbringen kann, gönnt er dem Schwanenritter, dem Gralsritter, dem Geheimniskrämer und nicht dessen Liebster. Der Silberglanz einiger Orchesterpassagen, hervorgerufen durch Zaubergeigen wie bei Egk und Zauberflöten wie bei Mozart, begleiten, umfangen und erhöhen nur Lohengrin. Nach ihm ist die Oper benannt und nicht nach Elsa, der Zweiflerin. Wohl verwandelt sich der Schwan in den künftigen Herzog Gottfried zurück. Was aber fängt eine Frau nach geschlossener und nicht vollzogener Ehe mit einem kleinen Bruder an?

Das Unheil, eine runde Sache

Geld bringt Unheil. Verschwände es von dieser Erde, wäre alles gut. Das ist die Botschaft eines Opernwerkes, dessen Dauer vier Abende beträgt und dessen Titel andauernd fehlerhaft ausgesprochen wird. Bitte „des" und nicht „der" Nibelungen! Bitte den Namen dieses Zwergenstammes auf der ersten und nicht auf der dritten Silbe betonen! Und bitte nicht dem Irrtum anhängen, intelligente Menschen hätten sich an ihre eigenen Theorien zu halten! Gerade begabte Theoretiker wissen, daß falsche Theorien überhaupt nicht stimmen, richtige aber auch nur zur Hälfte. Für seine Person war Richard Wagner sehr wohl hinter dem Geld her, denn er wollte in Samt und Seide leben und Leiter eines egozentrischen Opernhauses sein. Selbst in Walhall, der Burg der Götter, hätte er es, zivilisatorischer Mängel wegen, keine drei Tage ausgehalten. Der Burgbau wird mit Rheingold finanziert, was uns und dem Dichterkomponisten die Gleichsetzung von Gold und Geld gestattet.

Der Gnom Alberich, von Haus aus ein Schürzenjäger, wird als erster vor die Alternative gestellt: Gold oder Liebe. Wagner hätte die Alternative schlichtweg abgelehnt, Alberich hingegen entscheidet sich für das Gold und schmiedet jenen Ring, der ihm eine nicht näher beschriebene Machtfülle verleiht. Da ihm jedoch die germanischen Götter den ganzen Schatz entwen-

den, verflucht er den Ring und dessen künftige Besitzer
in wenig einprägsamen Tönen, aber kräftigen Worten.
Wer einmal erlebt hat, wie steinreiche Leute jammern
können, wie sie von ihren Sorgen gepeinigt werden und
ihrem Neid auf noch steinreichere Personen, der wird
dem Fluch des Nibelungen zwei Körnchen Wahrheit
zubilligen. Hort und Ring gehen an einen Riesen, den
Burgbaumeister Fafner, der seinen Bruder und Teilha-
ber aus finanziellen Erwägungen erschlägt, den Schatz
in den tiefen deutschen Wald bringt und sich als Lind-
wurm auf die Kostbarkeiten legt. Kapitalisten halten
das nie und nimmer für Kapitalismuskritik. Ordentliches Geld, sagen sie, liege nicht herum, sondern arbeite,
im Zweifelsfalle sogar mehr als sein Besitzer.

Drachentöter Siegfried, auch nicht der Klügsten
einer, weiß mit dem Hort ebensowenig anzufangen,
läßt ihn deshalb im Wald zurück, behält jedoch, von
Unterbrechungen abgesehen, den Ring bis ans Ende
seiner Tage. Es ist ein rasches, ein frühes Lebensende,
denn der Fluch wirkt nach wie vor. Zu dessen Wirksamkeit gehört die kindische Freude an der Gefahr.
Siegfried ist schon drauf und dran, den Rheintöchtern,
denen das Rheingold eigentlich gehört, wenigstens den
Ring zurückzuerstatten, da leistet sich eine der sangesfrohen Nixen den Fehler, die Schrecknisse auszumalen,
denen sich der junge Mann ausgesetzt sähe, behielte er
den Ring – worauf er ihn tatsächlich behält, denn die
Menschen fürchten in ihrer Torheit Tod und Teufel
weniger als die schiere Ereignislosigkeit. Prompt wird
Siegfried niedergestochen, sehr zur Genugtuung der

Wagnerianer, die für packende Akkorde jeden Welt-
untergang in Kauf nehmen.

Vier Opern, durch mindestens drei Übernachtun-
gen und drei Vormittagsbeschäftigungen voneinander
getrennt, bedürfen irgendeines Zusammenhalts. Als
geistiges Band bietet sich die Provenienz des immer
noch an Siegfrieds Finger steckenden Ringes an. Die
beste Klammer jedoch wäre, ganz nach Wagners
Geschmack, die gleichmäßige Verteilung der Publikumsgunst auf „Das Rheingold", „Die Walküre",
„Siegfried" und „Götterdämmerung". Da aber lassen
die Wagnerianer ihren Richard im Stich. Mit einer
Inbrunst, die sie den drei anderen Opern vorenthalten,
lieben sie die „Walküre" – bezeichnenderweise das einzige Teilstück, in dem der Ring als Requisit niemals
auf die Bühne kommt. Und sie differenzieren weiter
und lieben am allermeisten den ersten Akt. Dramaturgisch ein Muster an Geschlossenheit, ist er seelisch ein
einziges Crescendo und musikalisch der wagnerischste
Wagner.

Siegmund und Sieglinde müssen sich kennenlernen,
damit Siegfried geboren werde, kommen sich jedoch in
einem Tempo näher, das mehr an heutige Umgangsfor-
men als an die des 19. Jahrhunderts erinnert. Lediglich
die eine Stunde, die der Akt dauert, liegt zwischen der
Liebe auf den ersten Blick und dem Entschluß zur körperlichen Vereinigung. Währenddessen haben beide
noch innerlich zu verkraften, daß sie Geschwister sind,
und mit einem Störfaktor klassischen Zuschnitts fertig-
zuwerden, mit Sieglindes Ehemann.

Als weitere Klammern erfindet Wagner Leitmotive,
darunter äußerst markante. Alle kann er erst verwer-
ten, wenn jedes eingeführt worden ist, am Ende der
Tetralogie, in einem weiteren fulminanten Akt, dem
dritten der „Götterdämmerung". Bevor Brünnhilde,
Siegfrieds Frau, den Flammentod sucht, wirft sie den
Nixen den Ring zu, der nur Schaden angerichtet hat,
der die Menschen ins Unglück stürzte und die germanischen Götter erst recht. Endlich erhält der Strom
zurück, womit er zu seinem Glück nichts anfangen
kann. Ein Ring, ein geistiger, schließt sich. Die Natur
erfreut sich nach der „Götterdämmerung" des gleichen
Zustands wie vor dem „Rheingold", weshalb unmusikalische Leute auf den Gedanken verfallen, es wäre
besser gewesen, die Handlung hätte nie eingesetzt. Irrtum. Der Sinn des Lebens erschließt sich aus seinen
schönsten Stunden, der Sinn der vier Abende aus jenem
ersten Akt mit Siegmund und Sieglinde, aus dem Wal-
kürenritt, aus Wotans Abschied von seiner Tochter, aus
Brünnhildes Begrüßung der Sonne und aus jenem Trauermarsch, der kein Marsch ist, sondern Jubelklage um
Siegfried, einen verblendeten Menschen.

Tod und Thema Nummer eins

Augen zu! Die Musik sagt mehr als jedes Mienenspiel, jede Gebärde und jeder Regieeinfall. Selbst Richard Wagner, der sehr gern vorschrieb, wer und was sich auf der Bühne wo zu befinden habe, sprach einmal von einem Werk für Stimmen. Tatsächlich können Heldentenor und hochdramatischer Sopran nur mit der Kehle Tristan und Isolde sein. Sollen sie vielleicht mit ihren Körpern in Liebesraserei verfallen? Sollen sie kopulieren? Wenn sie vom königlichen Bräutigam in flagranti erwischt werden, trifft dieses Fremdwort in einem Ausmaß zu, das bis 1865 den Opernhäusern unbekannt war. Lateinisch „flagrare" heißt „in Flammen stehen". Zwei Stimmen lodern. Hundert Instrumente künden von Liebesglut. Melos, Rhythmus und Orchesterfarben bezeugen, daß Tristan und Isolde derzeit ein Paar werden. Deshalb ist es gut, wenn sie in Frack und Abendkleid stecken und neben einem Dirigenten postiert sind, der die Oper konzertant aufführt. Oder wenn sie vollends unsichtbar sind, weil die CD erklingt.

Körperlichen Anstrengungen, die mit Erotik nichts zu tun haben, sind die beiden Sänger ohnehin ausgesetzt. Schwierigkeiten bereiten dabei nicht irgendwelche komplizierten Takte oder exponierte Lagen, wohl aber die schiere Länge der Partien und deren immer wieder gebotene Lautstärke. Beim Einsatz ihrer Stimm-

kräfte hat Isolde sich als kluge Haushälterin zu erweisen. Wenn sie zu einem jagenden, treibenden, hetzen-
den Ostinato des Orchesters ihrem Tristan entgegen-
fiebert, wie noch keine Heroine sich nach ihrem
Freund gesehnt hat, muß sie die Selbstbeherrschung in
Person sein, muß ruhig und tief atmen, darf sich nicht
im mindesten verausgaben, denn ein Zwiegesang steht
bevor, dessen ursprüngliche Ausdehnung das Mitleid
sogar der Kapellmeister erregt hat. Deshalb pflegt nach
stürmischer Begrüßung die Liebesszene aller Liebesszе-
nen mit einer Kürzung zu beginnen, mit einem den
Atem schonenden „Strich". Schneller, als Wagner das
wollte, sind die beiden bei der momentan sich nicht
verzehrenden, sondern sich feiernden Liebe, bei der
Bitte um die schönste aller Nächte. Halten nicht auch
Liebende einmal den Mund?

Selbstverständlich, doch dann verströmt sich der
Alt der Brangäne, der Dienerin und Wächterin, des
guten Geistes, der die beiden beschwört: „Habet
Acht!" Sie haben aber nicht Acht. Ihre Beziehung, das
begreifen die beiden rasch, ist eine das Unterste zuoberst kehrende Seelensensation und keine gutbürgerli-
che Geheimniskrämerei. Eine Liebe, die in zweiter
Linie süß oder schmerzlich, in erster aber unbedingt
und hemmungslos ist, macht aus sich kein Hehl und
interpretiert alles, die Gesellschaft wie die Metaphysik,
in ihrem Sinne. Wohl dem Opernfreund, daß es sich so
verhält, denn zwei Personen, die nur das klassische
„Ich liebe dich" zu sagen und zu singen wüßten, wären
gut genug für ein Duett, nicht aber für ein breites, drei

Akte umspannendes Spektrum aller Varianten des einen gewaltigen Gefühls. Für Tristan und Isolde zählt nichts mehr auf der Welt – außer ihrer Leidenschaft, die sie für ewig halten, für genauso ewig wie den Tod. Das Tertium comparationis äußerster Dauerhaftigkeit gestattet es Wagner, dem Textdichter, bei der Lustliebe fortwährend an den Tod zu denken, was zu verinnerlichen lebenslustige Wagnerianer sich von Anfang an geweigert haben. Wenn sie es überhaupt mit einer Unendlichkeit zu tun haben wollen, dann mit der „unendlichen Melodie", eine den Leitton und die Kadenz bewußt vernachlässigende Erfindung Wagners. Gerade sie aber lädt den Hörer vier Stunden lang ein, in der Chromatik Lust, in der Lust Liebe, in der Liebe Weltflucht und in dieser den Inbegriff musikalischer Charakterisierungskunst zu erblicken.

Noch unheimlicher als die Verwandtschaft von Erfüllung und Nichts oder die Schönheit eines Liebestodes – der sich am glaubwürdigsten in strömender Musik verwirklicht und nicht in einem entschwebenden oder zu Boden gleitenden Vollweib –, noch phantastischer und wagnerischer ist die Verschmelzung von Liebe und Haß. Da die gegenseitige Zuneigung auf dem Genuß des Liebestrankes beruht, dieser aber erst gegen Ende des ersten Aktes eingenommen wird, müßte eigentlich die zuvor gespielte Musik eine Spur harmloser klingen, nach „Tannhäuser" oder „Rheingold". Sie klingt aber schon jetzt ganz und gar nach Tristan und der nach ihm schmachtenden Isolde, die ihn vorerst aus tiefster Seele haßt, weil er ihren Verlobten umge-

bracht hat und nun wie zum Hohn als Brautwerber
eines in jeder Hinsicht mittelalterlichen Königs auftritt.
Haß ist Haßliebe und Liebe deren unendliche Sublimierung. Von ihr ergriffen, ist Tristan der Welt sofort
abhanden gekommen. Die Ankunft seines Königs, des
ihm vertrauten Marke, wird gemeldet, und er fragt
traumverloren: „Welcher König?" Was für ein Liebhaber war nun der Schöpfer dieses Werkes? Richard
Wagner faszinierte nicht nur verheiratete Frauen, sondern sogar die gehörnten Ehemänner. Der Textilkauf-
mann Otto Wesendonck, dessen Mathilde der Komponist so gut gekannt hatte, daß die Frucht ein
überbordender Liebeshymnus war, besuchte später, als
wäre nichts gewesen, die Bayreuther Festspiele. Hans
von Bülow, der Dirigent der Uraufführung, dessen
Cosima sich von ihm scheiden ließ, um Wagner zu heiraten, blieb am Pult Wagnerianer. Anton Bruckner, der
Symphoniker, hatte keine Frau zu verlieren, denn er
war Hagestolz, als er im Münchner Nationaltheater
jene Premiere erlebte. Er hörte mit hochmusikalischen
Ohren das Hohelied der Lust, verehrte Wagner nach
wie vor, blieb aber Junggeselle und bis zu seinem
Lebensende keusch.

Komödie der Konventionen

D ieses Wagner-Werk ist die Lieblingsoper der Antiwagnerianer. Der Mythen müde, bekommen sie
festen bürgerlichen Boden unter die Füße, reichsstädti-
schen Boden, auf dem niemand verflucht, verwünscht,
verzaubert oder erlöst wird und alles mit rechten Dingen zugeht. Statt Helden stehen Handwerker auf der
Bühne und statt einer Esche, in der das Schwert für
den Heldentenor steckt, ein ganz und gar nicht zweck-
entfremdeter Fliederbaum, der einfach duftet und den
Bariton zu einem feinfühligen Sologesang animiert.
Eva, der Sopran, soll unter die Haube kommen und
wird zuweilen Evchen genannt. Nicht auszudenken,
daß Tristan von seinem Isoldchen gesprochen hätte,
der Holländer von Sentalein oder Wotan von Brünn-
hildchen. Die Heroinen waren emanzipierte Vollblut-
weiber, die taten, was sie wollten. Evchen hingegen, ein
Kind des 16. Jahrhunderts, muß nehmen, wen sie
kriegt, oder eine alte Jungfer werden. Denn Richard
Wagner, sonst ein Verächter geregelter Verhältnisse und
geordneter Bahnen, kann auch anders und schreibt
diesmal die Komödie der Konventionen.

Unter anderem heißen die Titelhelden Balthasar
Zorn, Ulrich Eisslinger, Augustin Moser und Hermann
Ortel. Die Namen seien erwähnt, weil das Publikum
immer nur an den Ritter von Stolzing, an Hans Sachs
und vielleicht noch an Beckmesser denkt und dabei

übersieht, daß die Oper nicht „Der", auch nicht „Die beiden", sondern umfassend „Die Meistersinger" heißt. Gemeint ist ein Kollektiv, das viele Nebenrollen abwirft, darunter köstliche Miniaturen, sofern nur die Sänger es verstehen, ihre Kleinwaffen, die Konsonanten, gut einzusetzen. In ihrem jeweiligen Beruf sind diese Handwerksmeister erste Klasse, in ihrer Nebenbeschäftigung, dem Kunstgesang, guter Durchschnitt. Deshalb klammern sie sich an Regeln, und weil sie sich mit Begeisterung klammern, sind Regeln sonder Zahl entstanden, deren Aufzählung durch einen Buffotenor manchem Opernfreund auf die Nerven geht. Auf den Geist soll sie ihm gehen, damit dieser sich von vornherein gegen Sixtus Beckmesser richte, einen Merker mit Argusohren, der ein Stück Kreide in die Hand nimmt, um jede Regelwidrigkeit beckmesserisch festzuhalten.

Mit der Erschaffung dieses Menschen will Wagner sein Mütchen an Eduard Hanslick kühlen, einem Kritiker, der unermüdlich gegen ihn die Feder wetzt, aber leider nicht irgendwo in der Provinz, sondern in Wien, der mitteleuropäischen Hauptstadt der Musik. Der Dichterkomponist war schon drauf und dran gewesen, der leichten Identifizierung wegen seinen Gegner Veit Hanslich oder, noch besser, Hans Lick, zu nennen, doch sah er schließlich ein, daß Hanslick sich auch mit Beckmesser werde angesprochen fühlen. Tatsächlich revanchiert sich der Kritiker, indem er in Wien einer Meistersinger-Aufführung beiwohnt und hinterher behauptet, Wagner habe keinen Humor. Seinerseits wünscht der geniale Sachse, in diesem Punkt höchst elegant, seinem Beckmesser-Hanslick nicht die Pest an den Hals, sondern bloß zwei Mißerfolge, einen in der Kunst der Komposition und, damit verbunden, einen bei den Frauen. Im Wettgesang auf der Nürnberger Festwiese unterliegt der Merker denn auch dem Ritter Walther von Stolzing, einem Neutöner, der für sein hochromantisches, altdeutsche Regeln hingebungsvoll mißachtendes Preislied den erwarteten Lohn erhält, Evchen, das bestimmt eine mustergültige Hausfrau wird. Indes hätte sie die Bayreuther Festspiele nie so professionell leiten können wie Cosima von Bülow, geborene Liszt, die spätere Witwe des Komponisten. Daher Vorsicht mit Parallelen zwischen Walther und Wagner, mag dieser auch immer sich selbst vor Augen haben, sobald auf (damals) moderne Musik angespielt wird.

Vorsicht auch bei Vergleichen zwischen Wagner und Hans Sachs, dem berühmtesten Meistersinger! Richard, der in seinem Privatleben stets darauf bedacht war, erotisch nichts anbrennen zu lassen, ist Schelm genug, den Typus des entsagenden Mannes zu glorifizieren, des Nebenbuhlers, der stimmschön das Feld räumt. Im „Tannhäuser" zieht Wolfram von Eschenbach bei Elisabeth den kürzeren, um sich dann mit seinem Lied an den Abendstern die Ersatzherzen des Publikums zu gewinnen. Kein gehörnter Ehemann hat je sein Geweih mit solcher Würde besungen wie König Marke im „Tristan". Richards Ratschlag für Verlierer: „Contenance, messieurs!" Der auf Eva verzichtende Sachs bekommt eine Bombenrolle, gibt mit seinem ziemlich hohen Bariton manche Melodie und eine

Menge Lebensweisheit von sich, ist die Güte in Person und dann auch noch ein Schalk und steht am Schluß der Oper als Bürger Nummer eins da. Dem siegreichen Neutöner empfiehlt er, die alten Meister der Musik zu ehren. Aha, der einstmals jugendliche Wagner ist mittlerweile auch schon 55 und hat wenig Lust, zum alten Eisen geworfen zu werden.

Nebenher lehrt Wagner die Kunst der abgesicherten Prophetie. Da das Heilige Römische Reich schon vor seiner Geburt zugrunde gegangen war und er selbst sich seines Werts bewußt ist, läßt er Hans Sachs voraussagen, die heilige deutsche Kunst werde besagtes Reich überdauern. Bei dieser Gelegenheit schimpft Sachs-Wagner auf die Welschen und zielt damit auf die Bevorzugung italienischer Textbücher an deutschen Theatern. Er schimpft so erfolgreich, daß heute, nach Beseitigung des Übels, kein Mensch mehr die Passage richtig versteht. Übrigens ist sie im Sinne Giuseppe Verdis. Dieser liebte die italienische Musik, schätzte die deutsche und predigte die Unvereinbarkeit beider.

Erbarmen mit dem Chef

D ie beste Sekundärliteratur zu „Parsifal" hat Anfang des 16. Jahrhunderts Erasmus von Rotterdam verfaßt. In seinem „Lob der Torheit" nennt er die Eigenschaften, auf die der Tor von Jugend an dankbar verzichtet hat: Scham, Furcht, Ehrgeiz, Neid und, für einen Wagner-Tenor bemerkenswert, Liebe. Doch während Erasmus Hokuspokus treibt und hinterrücks für die Klugheit schwärmt, preist Wagner die Torheit allen Ernstes. Deshalb vermeidet er Gattungen, die uns ein X für ein U vormachen, schreibt keine Oper und nicht einmal ein Musikdrama, sondern zum ersten Mal ein „Bühnenweihfestspiel". Weiter heißt es bei Erasmus, was ein Tor auf dem Herzen habe, sei ihm allemal an der Nasenspitze abzulesen. Deshalb ist Parsifal unter allen Opernfiguren die ehrlichste Haut. Wenn viele Zuschauer trotzdem nicht gleich wissen, woran sie mit ihm sind, liegt das nur an der weitverbreiteten Unlust, soviel Torheit für menschenmöglich zu halten.

Indes legt Richard Wagner mit der Bezeichnung „Tor" bereits ein gutes Wort für seinen Helden ein. Denn zur Kennzeichnung geistig unbeschwerter Personen bietet die deutsche Sprache ein ganzes Arsenal saftigster Ausdrücke, die unseren Naturburschen sofort herabgewürdigt hätten. Der Dichterkomponist bevorzugt sogar die Prägung „reiner Tor". Dessen Sache ist jene „sancta simplicitas", die den Beifall einiger Kirchenväter genossen, heutzutage aber eine schlechte Presse hat. Dabei ziehen Recht und Ordnung aus intellektueller Anspruchslosigkeit nach wie vor den größten Nutzen. Wer keinen Überweisungsschein auszufüllen versteht, wird den Zugang zur Wirtschaftskriminalität verfehlen. Und zur Urkundenfälschung haben Analphabeten einfach nicht das Zeug. Parsifal, an sich ein netter Kerl, fällt anfangs unangenehm auf, weil selbst er eine Kulturtechnik beherrscht, den Umgang mit Pfeil und Bogen. Im heiligen Hain trifft er einen heiligen Schwan im Flug. Beherrscht er auch die für das Heldenfach nötige Stimmtechnik? Der erste Akt, wiewohl außerordentlich lang, gibt darüber kaum Auskunft.

Gerade deshalb haben Heldentenöre die Rolle gern. Sie können ihre Stimme schonen, weil in dramatischen Momenten, die denkende Menschen wie Lohengrin oder Tannhäuser nicht unkommentiert hätten verstreichen lassen, Parsifal einfach den Mund hält. Er steht im Saal der Gralsburg, sieht die Qualen des Königs Amfortas und macht ein dummes Gesicht. Mit dieser mimischen Aufgabe konfrontiert, kann der Sängerdarsteller an unmusikalischen Zuschauern Maß nehmen, die aus gesellschaftlichen Gründen im Parkett sitzen und nicht genau wissen, was das alles soll. Dabei ist alles ganz einfach. Amfortas ist von einem Speer verwundet worden, der ihm bei einem Liebesabenteuer abhanden kam. Die ewig offene Wunde wird sich erst schließen, wenn jener Speer sie wieder berührt. Das Verursacherprinzip müßte im Parkett eigentlich bekannt sein.

Gesprächiger wird Parsifal erst im zweiten Akt, wenn sogenannte Blumenmädchen, unter ihnen sechs Solistinnen, ihn umschwirren und umgirren. Sollten sie wirklich so schön sein, wie Wagner es vorschreibt, und tatsächlich in „flüchtig übergeworfenen, zartfarbigen Schleiern" stecken, werden die unmusikalischen Zuschauer die Oper schon wieder nicht begreifen. Denn Parsifal, nach allem, was an ihm zu sehen ist, ein Mann, verteidigt seine Unschuld. Es muß an seinem Schöpfer liegen, der Ende sechzig war, als er die Ausnahmeoper dichtete und komponierte. Viel wichtiger als der Eros, dieses notwendige Übel, ist ihm auf einmal die Agape.

Das zeigt sich an der Reihenfolge der beiden Versuchungen, denen Parsifal mitnichten erliegt, obwohl Kundry, eine Femme fatale hoch drei, alle Minen springen läßt. Wagner schreibt „höchste Schönheit" in „leicht verhüllender, phantastischer Kleidung" vor. Als letzten Gruß der Mutter interpretiert, leicht pervers, die Schlange ein für Parsifals Mund neuartiges Erlebnis, zu dem das Orchester teils überhaupt nicht, teils so schleppend spielt, daß Wagners Wunsch nach „einem langen Kusse" vom Sopran wie vom Tenor, vermutlich zu deren beider Kummer, ohne weiteres erfüllt werden kann. Parsifal wird aber nicht zum Schmusekater, denn ihm fällt Amfortas ein, der einst Kundry noch viel länger geküßt hatte. In einer Minute des Eros wird Parsifal von der Agape übermannt, aber von einer äußerst dynamischen, hat Wagner doch bei Schopenhauer gelernt, daß Mitleid, wenn es denn echt sei, zur Tat dränge.

Es folgt als Steigerung die zweite Versuchung. Kundry, nach Art böser Menschen stets auf dem laufenden, kennt die offizielle Theorie, daß ein reiner, mitleidiger Tor den Gralskönig retten werde. Die Männer kennt sie aber auch und ist auf die Erkennung ihrer Schwächen spezialisiert. Wenn nun, sagt sie sich zwischen den Zeilen und Noten, bei diesem sonderbaren Heiligen die Libido als Schwäche entfällt, so nehmen wir als solche in drei Teufels Namen eben die Caritas. Den verschmähenden Mann ermuntert sie, erst einmal sie zu erlösen, jawohl: sie, Kundry, die in alle Ewigkeit verflucht sei, weil sie bei Christi Kreuzestod gelacht habe. Mit dieser Argumentation ist die hübsche Hexe aufs verführerischste über sich hinausgewachsen. Doch der gereifte Tor wächst erst recht über sich hinaus, reißt sich los, ergattert den Speer, wandert zur Gralsburg und hört sich dort den dritten Akt an.

Endlich versteht er, endlich vollendet er, maßvoll singend, nach dem Karfreitagszauber das Erlösungswerk. Dazu schreibt Richard Wagner seine ernsteste und feierlichste Musik, kurz vor dem Lebensende, wenn andere Geister sich überlegen, ob sie nicht zu guter Letzt lustig werden sollen wie Erasmus.

Jungfrau! Einmal ist keinmal

Giuseppe Verdi war nicht der erste Künstler, dem Jeanne d'Arc imponierte, das Mädchen aus der tiefsten französischen Provinz. Dieses fabelhafte Weib hatte die Männer der Reihe nach vor den Kopf gestoßen und eine ganze Menge von ihnen besiegt – nein, nicht mit den sogenannten Waffen einer Frau, sondern richtig, hoch zu Roß und mit Waffen aus Eisen. Sogar Kommandeure hatte sie herumkommandiert, obwohl diese sich einbildeten, das Kriegshandwerk gelernt zu haben, was Jeanne von sich beim besten Willen nicht behaupten konnte. Im 19. Jahrhundert, also vor unserer Frauenemanzipation, war es den Künstlern noch gegeben, den Nervenkitzel nachzuempfinden, den eine Ungeheuerlichkeit, die militärische Karriere einer Dorfschönheit, im 15. Jahrhundert ausgelöst hatte. Daher trägt zu Beginn der Oper der Sopran seine kurze Wunschliste, auf der nur ein Schwert und ein Helm stehen, gleich mehrmals vor. Um jenen Kitzel vollends auszukosten, halten sich Verdi und sein Librettist Solera an Schiller und dessen Korrektur der Weltgeschichte. Ihre Giovanna, seine Johanna, stirbt nicht nach einem juristischen Prozeß, der ihr im Saal hätte gemacht werden müssen, unrühmlich im Arme-Sünder-Hemdchen auf dem Scheiterhaufen, sondern in voller Montur unter sich senkenden Fahnen auf dem Schlachtfeld.

Noch etwas mehr als von soviel weiblichem Mannesmut sind Verdi und Solera von der Unberührtheit ihrer Heldin hingerissen. Jungfräulichkeit ist nämlich sexy, auch wenn sich das unter Sekundärliteraten noch nicht herumgesprochen haben sollte. Hätte Schiller sein Stück einfach „Johanna" genannt, wäre es wohl ebenfalls aufgeführt worden. Er nannte es aber „Die Jungfrau von Orleans", ganz im Sinne der Franzosen, die sich mit „La pucelle d'Orléans" nicht nur geographisch, sondern auch erotisch festgelegt hatten. Die beiden Italiener entscheiden sich für eine noch originellere Verherrlichung der Unschuld. Sie teilen den Opernchor in gute und in böse Geister. Die bösen malen mit der Erwähnung von Jugend, Schönheit und Lust den Teufel an die Wand und freuen sich diebisch, wenn es den Anschein hat, als gehe die Protagonistin in der Liebe den Weg allen Fleisches. Die guten Geister bieten das pädagogische und musikalische Kontrastprogramm und werden zu guter Letzt triumphieren.

Weil Verdi und Solera dauernd an Theaterleiter denken, die Personal sparen, übernimmt Carlo, der Tenor, die Doppelfunktion eines Königs von Frankreich und eines in die Jungfrau verliebten Gockels. Da Verdi noch jung ist, bricht sich die Sinnlichkeit rhythmisch bei straffstem Tempo Bahn. Carlo singt, er werde sich ihr, der Dame seines Herzens, zu Füßen werfen, was er in einem Allegro vivo zwar behaupten, vor seinem nächsten Einsatz aber nicht ausführen kann. Giovanna tut so, als wolle sie gehen, geht aber nicht, denn der Tenor kommt ihr, unmerklich langsamer werdend, mit einer seiner schönsten Melodien. Solchen süßen Tönen gegenüber, seufzt sie, verfüge ihr Herz über kein Bollwerk. Bei diesem Bekenntnis übernimmt sie seine, die tenorale Melodie, was für den Opernkenner aussagekräftiger ist als tausend Worte. Aber diesmal irrt sich der Opernkenner. Das ist nicht schlimm, denn Carlo irrt sich auch. In sein Allegro vivo zurückfallend, erklärt er frech die irdische Liebe für heilig, worauf sie, das Tempo haltend, tatsächlich „T'amo! Si, t'amo" ruft. Vor allem aber irrt sich ein Engelschor, der in einem traurigen Adagio den Mangel an Standhaftigkeit beklagt.

Alle irren, weil Giovanna sich weigert, aus ihrem Geständnis die im Abendland üblichen Konsequenzen zu ziehen. Sie ist ein paar Takte lang schwach geworden und wird das bereuen, bis der letzte Vorhang fällt. Einmal sei keinmal, sagen sich Verdi, Solera, der Opernkenner und postum vermutlich auch Schiller, weil es endlich einmal an der Zeit sei, daß jemand tenoralen Sirenenklängen widerstehe. Da mag Carlo mit einer Beschwörung der reinen Luft und des klaren Himmels ruhig seinen größten melodischen Trumpf ausspielen – Jungfrau bleibt Jungfrau.

Muß es im letzten Akt noch einmal gesagt werden, daß sie ein männliches Wesen geliebt hat, natürlich seelisch, und auch das nur während eines kurzen Augenblicks? Muß Verdi ihre Beteuerung, nach wie vor „rein" zu sein, beifällig in subtilen Ziergesang kleiden? Muß das Lob der Enthaltsamkeit schon wieder erklingen? Es muß, weil einer von den moralischen Qualitäten der Heldin noch nicht überzeugt ist, Giovannas Vater, ein entsetzlicher Mensch. Wäre er doch nur Vater und nicht obendrein Kollaborateur der feindlichen Engländer und damit Opernbösewicht vom Dienst! Da die Autoren aber ihr Werk aufgeführt sehen wollten, und das auch von Theaterleitern mit wenig Personal, schufen sie neben dem König und seiner Kriegerin diese tendenziell den Rest der Menschheit abdeckende Mißgeburt.

Die personifizierte Sparmaßnahme ist dann an die Rampe der meisten italienischen Musiktheater getreten, denn anfangs war „Giovanna d'Arco" ein Erfolg. Der junge Verdi hielt sie für sein bestes Werk, was damit zu erklären ist, daß er den alten Verdi noch nicht kannte. Der schadet dem jungen noch heute. Ein gutes Dutzend Opern, versehen mit dem Gütesiegel eines einwandfreien Komponistennamens, bitten um Aufmerksamkeit der Maskenball-Liebhaber, Traviata-Freunde und Otello-Verehrer. In jenen frühen Opern brillieren die Sänger, und wehe, wenn sie nur ein Stimmchen haben. Das Orchester fungiert als Rhythmusgruppe – herrliche Ausnahmen bestätigen die gar nicht so schlechte Regel. Der Komponist versteht sich als Fachmann für Reißer. Da er jede Gelegenheit wahrnimmt, ist selbst die Langsamkeit im Zweifelsfall kurzweilig.

Das Pech mit dem Fluch

Ein Fluch liegt auf dem Herzog von Mantua, seinem Narren Rigoletto und einigen Sinneseindrücken des Publikums. Es ist ja nicht gerade falsch, was immerzu behauptet wird, daß nämlich Rigoletto, ein unbeweibter Vater, der viele Jahre lang die Logistik besorgt hatte, wenn sein Dienstherr schöne Frauen verführte, plötzlich am lustigen Leben irre wird, weil das neueste Opfer seine Tochter Gilda ist. Das ändert aber nichts an den beiden Tatsachen, daß die Oper ursprünglich allen Ernstes „Der Fluch" heißen sollte und Giuseppe Verdi im Dezember 1850 erklärt hatte, ohne diesen Fluch wäre das ganze Drama sinnlos. Der Komponist hing an dem alten Titel, obwohl „La maledizione" sich lascher anhört als das deutsche Pendant, jedenfalls nicht viel aufregender als „La benedizione", der Segen. Der verfluchten venezianischen Zensur gegenüber, die den Begriff nicht mochte, gab Verdi jedoch klein bei, worauf die Opernbesucher aller Länder sich verschworen, nicht mehr richtig hinzuhören.

Kennt jemand den Grafen von Monterone? Höchstens der eine oder andere, obwohl dieser ältere Herr es ist, der die Titelfigur wie den Herzog verflucht, zuerst immer auf „des", dann aber auf einem himmellangen „d", einem Ton, der von einem Aufschrei der geängstigten Höflinge garniert wird. Aus der Partitur geht hervor, daß einer dieser adeligen Strolche, aber wirklich nur einer, nicht wie die anderen „Ah", sondern „Oh" singen soll. Diese vor Entdeckung ziemlich sichere Petitesse verdeutlicht die Sorgfalt, mit der Verdi den hochdramatischen Augenblick behandelt wissen will. Damit der Zuhörer ihn nicht vergesse, kommt Rigoletto schon im zweiten Akt auf ihn zurück, indem er eindringlich leise und nicht überwältigend laut zweimal zu sich selbst sagt: „Der Alte verfluchte mich." Grammatikalisch wartet Piave, der Textdichter, mit dem italienischen Imperfekt „malediva" auf, womit er uns bedeutet, daß der alte Mann den Narren innerlich ununterbrochen verfluchte und nicht nur in einer kurzen Aufwallung.

Genug der Feinheiten. Tatsache ist, daß der herzogliche Geschlechtstrieb zwei Töchter in Mitleidenschaft gezogen hat, die des Narren und die des Grafen. Zu seinem Schmerze entdeckt Monterone im dritten Akt die Schattenseite seines Fluches, nämlich dessen offenkundige Unwirksamkeit. Der Herzog, Tenor, lebt und singt in Freuden weiter, und auch sein Rigoletto, Bariton, singt und lebt, wenngleich ein wenig gramverzehrt. Immerhin hält der Narr die Resignation des Grafen für voreilig und kündigt mit der Bemerkung, ein Rächer sei schon da, den vierten Akt an. In ihm engagiert Rigoletto einen Killer, der aber nicht den Herzog umbringt, sondern wider alle Verabredung Gilda, die geliebte Tochter. Da bleiben dem Titelhelden, nachdem er die Leiche identifiziert hat und bevor das Orchester mit seinen Schlußakkorden ja und amen sagt, zu singen nur zwei Worte übrig, deren schrecklichster Sinn sich erst jetzt enthüllt: „La maledizione." Verdi-Verehrer glauben an die Kraft des Rhythmus, nicht aber an die Kraft des Fluches. Eigentlich schade. Damit kein Mißverständnis aufkomme: Der Christ, er lebe in Oberitalien oder anderswo, sollte nicht fluchen und schon gar nicht verfluchen. Andrerseits wird er das nur ausnahmsweise tun und dabei zweier unleugbarer Vorzüge gewahr werden, durch die sich der Fluch von Schlagstöcken, Streitäxten und Zuchtruten aufs vorteilhafteste unterscheidet. Er überwindet Grenzen und Entfernungen, Absperrungen und Leibwachen und ist damit die ideale Waffe im Kampf schwächerer Personen gegen stärkere. Wer jemanden verwünscht, wünscht ihm etwas, zum Beispiel die Pest an den Hals oder daß ihn der Teufel hole. Daß die Wahl der Mittel dem Schicksal anheimgestellt wird, wäre der andere Vorteil, auf den auch Monterone anspielt, wenn er kummervoll erklärt, leider sei der Herzog bisher weder durch einen Blitzschlag noch einen Dolchstoß zu Fall gekommen.

Der Graf, zu dessen Riesenpech es gehört, in allen Operntheatern vom zweiten Bassisten gegeben zu werden, weil der erste lieber den Meuchelmörder verkörpert, der auf den hochromantischen Namen Sparafucile hört – der Graf also verflucht im ersten Akt sowohl den Herzog als auch dessen närrischen Handlanger Rigoletto. Zuschauer, die beobachten dürfen, wie dieser sich die Haare rauft, um dann über dem Leichnam seiner Tochter zusammenzubrechen, müssen gestehen, daß dem Fluch schließlich doch ein Teilerfolg beschieden ist. Der Herzog jedoch kommt ungeschoren davon und wird noch manchmal einen der besten E-Musik-Schlager trällern: „La donna è mobile." Die Version „O, wie so trügerisch sind Weiberherzen" belegt die künstlerische Freiheit, die sich der Übersetzer genommen hat, aber auch die aus Italien importierte Überzeugung, daß die hübschen Mädchen herzlich wenig taugen.

Was sie doch im Urtext nicht alles sind: windig und lügnerisch, gedankenlos und männlichen Vertrauens unwürdig. Opernfreunde werden sagen: „Ausgerechnet der Herzog. Der hat es nötig." Tja, liebe Opernfreunde, beachtet den Kunstgriff, daß dieser Weiberheld so schwadroniert, jawohl, ausgerechnet der. Denn der ist nie bei Frauen abgeblitzt und daher sein Urteil nicht durch Verbitterung getrübt. Die ganze Opernwelt glaubt dem Filou, schon weil sein Sittenbild ein Reißer ist und keine Jeremiade. An einem Höhepunkt der Theatergeschichte angelangt, meint der arme Rigoletto, er habe die Leiche des Herzogs vor sich, da trifft seine Ohren „La donna è mobile". Es klingt wie das ewige Lebenszeichen eines moralischen Fliegengewichts, und tatsächlich kann diesem Tenor weder der bei Verdi grassierende Opernheldentod etwas anhaben noch irgendein Fluch.

Juwelen an der Wäscheleine

*H*ohes Lob und üble Nachrede erntet jene italienische Oper, deren deutscher Titel französisch ist,
der „Troubadour". Das Lob gilt dem Schwung der
Musik und müßte somit auch den guten Manieren der
Zuhörer gelten. Diese bleiben nämlich vier Akte lang
auf ihren Sesseln sitzen, obwohl die Musik, die über
die Rampe und aus dem Orchestergraben dringt, hinreißend, mitreißend, zumindest bewegend ist. Die ab-
träglichen Bemerkungen beziehen sich samt und
sonders auf die Handlung. Viele Opernfans legen Wert
darauf, sie niemals begriffen zu haben, und raten
ahnungslosen Abonnenten, Text Text sein zu lassen
und nur vier ausreichend beschäftigten Stimmen zu
lauschen, einem schmetternden Tenor, einem sich ver-
strömenden Bariton, einem sich ergießenden Sopran und
einem endlich einmal zum Großeinsatz kommenden Alt.

Dieser, die Zigeunerin Azucena, hat denn auch die
einzige Ungereimtheit zu verantworten, die der wohl-
wollende Betrachter bei der Entwirrung sämtlicher
Handlungsstränge entdeckt. Die Frage ist die: Verwechselt eine Mutter ihr eigenes Kind mit dem eines
bösen Grafen, und das auch noch in Gegenwart eines
brennenden Scheiterhaufens? Für ihren Vorsatz, den
Adelssproß ins Feuer zu stoßen, kann Azucena mil-
dernde Umstände anführen, denn sie lebt im vordemo-
kratischen Spanien und erinnert sich ihrer eigenen

Mutter, deren Flammentod jener Graf auf dem Kerb-
holz hat. Trotzdem ist Rache nicht nur süß, sondern
auch ein Anlaß zu erhöhter Konzentration und damit
die mörderische Verwechslung unplausibel. Sie taucht
auch nur in der Rückschau auf. Azucena selbst bringt
den Vorgang zur Sprache, das heißt zur Musik, und
teilt ihrem Sohn Manrico in leidenschaftlichem A-Moll
mit, daß er eigentlich schon tot sei. Sofort bereut die
Altistin, sich verplappert zu haben, und gibt ihrem
Nichtsohn den gleichen Rat, den die Opernfans den
ahnungslosen Abonnenten geben, nämlich nicht zu
sehr auf die Worte zu achten.

Der gereifte Textbuchleser aber sieht jetzt klar und
freut sich seiner geistigen Überlegenheit. Er weiß mehr
als Manrico, der mit seiner Ziehmutter, eben weil er sie
für seine Mama hält, die schönsten Duette singt und
nie auf den Gedanken käme, Graf Luna junior sei sein
leiblicher Bruder. Der Leser weiß auch mehr als Leonora,
die keine Baritongrafen bevorzugt, jedoch sicher nichts
dagegen hätte, wenn ihr geliebter Tenor von Beruf
nicht Minnesänger wäre, sondern Schloßherr. Schließlich weiß der Leser mehr als der amtierende Graf, der
wie alle Männer keine Nebenbuhler mag, vor allem
diesen einen nicht, von dessen Mutter er annehmen
muß, sie habe die gräfliche Familie dezimiert. Womit
nicht gesagt sein soll, daß Graf Luna, als lüsterne Seele
melodisch bestens ausgewiesen, zu Gunsten eines echten, eines beglaubigten Bruders auf Leonora verzichtet
hätte. Vielleicht hätte er ihn nicht gerade umgebracht.
Den angeblichen Sohn einer Zigeunerin aber läßt er

hinrichten, worauf er von dieser über die genealogischen Verhältnisse aufgeklärt wird. Wenn endlich der Sänger begreift, was die Textbuchleser schon längst begriffen haben, kann nach einigen Orchesterschlägen der Vorhang schnell fallen.

Eigentlich eine einfache Handlung, sehr geeignet für einen Komponisten, der nur die richtige Wäscheleine braucht, um an ihr seine musikalischen Glanzstücke dutzendweise aufzuhängen. Verdi ist in dieser Oper selbst für italienische Begriffe ungewöhnlich temperamentvoll. Angefeuert vom Orchester und vollauf bestätigt vom Chor treten unsere vier Hauptpersonen auf, um sich gegenseitig in Grund und Boden zu singen. Alle wissen, was sie wollen. Graf Luna will Rache und will, Donnerwetter noch einmal, endlich diese Leonora, weshalb er um Pascha-Melodien nicht verlegen ist und ein Allegro brillante anstimmt, sobald er glaubt, die Hingabe der begehrten Frau erzwungen zu haben. Leonora will Manrico, will ihn auf Biegen und Brechen, will sogar lieber ihren Tod als seinen Untergang, weshalb sie das gleiche Allegro brillante anstimmt, sobald sie meint, ihn vor Luna gerettet zu haben und diesem durch Selbstmord ein Schnippchen schlagen zu können. Azucena bringt etwas Wehmut in den vorherrschenden Elan und kann mit ihrer Rache warten. Manrico wiederum will Leonora mit ganzer Seele und ganzer Stimmkraft, doch darüber hinaus ist er ein exzellenter Sohn, der den Reißer aller Tenorreißer, die Stretta „Di quella pira", nicht aus Fleischeslust, sondern aus Sohnesliebe herunterdonnert.

Giuseppe Verdi

Nein, wir hören keine Kammermusik. Dennoch wäre es schön, sänge der dem stürmischsten Beifall entgegenatmende Tenor die heiklen, aber vorgeschriebenen Sechzehntel so akkurat wie die hämmernden Viertel. Dies aber ist schwierig und nicht einmal leichter als am Schluß das ellenlange hohe C, das nicht Verdi angefügt hat, sondern die Tradition der Effekthascherei. Da sich auch Autoren auf derlei verstehen, sei ausnahmsweise ein Witz erzählt. In der namhaften Dresdner Oper ist ein mittelmäßiger Tenor mit der Stretta außer Puste geraten. Das Publikum klatscht so herzlich und so lang, daß der arme Sänger sich zu einem Da capo genötigt sieht, das er mit letzter Kraft, heiserem Hals, brechender Stimme und hochrotem Kopf bewältigt. Jetzt aber applaudiert das Publikum so frenetisch, daß zu befürchten ist, der Sänger werde zu seinem Verderben die zweite Wiederholung riskieren. Ein Fremder im Parkett versteht die Welt und Dresden nicht mehr und fragt seinen Nachbarn, ob den Leuten das Gekreische denn gefalle. Aber nicht doch. Wie sich dann um Himmels willen der Beifall erkläre? Die Antwort auf sächsisch: „Heute machen wir ihn fertig."

Liebe, das Berufshindernis

Zumindest 1853 war das Publikum nicht schwer von Begriff und Giuseppe Verdi auf Überdeutlichkeit nicht angewiesen. Er brauchte seine neue Oper nicht „La prostituta" zu nennen und konnte sich auch ein Synonym schenken, „La meretrice". Sogar der an unser „mondän" erinnernde Ausdruck „La mondana" erübrigte sich, obwohl er zu dem Luxus gepaßt hätte, der Violetta Valéry im 1. Akt umgibt. Als Titel genügte „La traviata", womit ein weibliches Wesen gemeint ist, das moralisch den rechten Weg verlassen hat. Der letzte Rest eines Zweifels schmolz dahin, als sich der Vorhang geöffnet hatte, die Bühne Samt und Seide zeigte, dazu eine elegante Spaßgesellschaft in einem Salon, wie er nach der Lebenserfahrung des Opernbesuchers so gut wie nie am Rande eines moralisch rechten Weges liegt. Niemand war so begriffsstutzig, daß es nötig gewesen wäre, ein Lotterbett auf die Bühne zu stellen, den gemischten Chor zu häufigen Knutschereien anzuhalten oder auch nur irgendwelche Körperteile zu entblößen, es sei denn die Schultern der Soprane.

Alfredo, einer von vielen Gästen, doch derjenige mit dem schönsten Tenor, tut noch, was sich schickt, wenn er ein Trinklied intoniert, das die Wonnen der flüchtigen Stunde preist. Rhythmisch und melodisch mit dem jungen Mann übereinstimmend, spricht sich eine halbe Minute später auch Violetta für Kürze und

Würze erotischer Beziehungen aus. Bald aber fällt Alfredo mit schmachtendem Melos aus dem Rahmen, mit einer alle Symptome der Ehrlichkeit aufweisenden Liebeserklärung. In diese Töne einzustimmen wäre der Herrin des Salons ein Greuel. Nach Verdis Anweisung hat ihr Vortrag „brillante" zu sein, wenn sie, zum Teil in Vierundsechzigsteln, spritzig erwidert: „Amar non so", lieben kann ich nicht. Dem Verehrer dringend zu raten, seine aufrichtigen Gefühle andernorts zu verschwenden, gebietet ihr die Professionalität.

Violetta ist da voll im Geschäft und die Tragödie noch weit. Im 2. Akt jedoch hat die Titelfigur zum moralisch rechten Weg zurückgefunden und ihren Alfredo so ins Herz geschlossen wie er sie. Die Traviata verstößt damit gegen die für ihresgleichen geltende Vorschrift, zwar nicht mit den Reizen zu geizen, wohl aber mit den großen Gefühlen. Die Weisheit dieser Faustregel tritt klar zutage, sobald Monsieur Germont, Alfredos Vater, seinen Bariton erklingen läßt und in der künstlerisch feinsten Szene des Werkes Violetta auffordert, von seinem Sohn die Finger zu lassen. Er sagt nicht etwa, sein Schwiegersohn in spe habe verständliche Bedenken, ein Mädchen zu heiraten, dessen Bruder mit einer einstigen Edelnutte zusammenlebe. Nein, er drückt sich indirekter und zarter, doch deshalb nicht mißverständlicher aus. Frau Valéry mit ihrer immensen Welt- und Männerkenntnis versteht jede Anspielung, versteht vor allem die baritonale Mutmaßung, daß selbst Alfredo, weil ein Mann, sich eines Tages in der Ehe, auch in einer wilden, langweilen werde. Da kann sie mitreden, da ist sie Fachfrau, da bleibt ihr nichts anderes übrig, als „È vero" zu sagen.

Aus wahrer Liebe verzichtet sie auf die wahre Liebe. Musikalisch ist das außerordentlich ergiebig, intellektuell jedoch dem schlichten Alfredo etwas zu hoch, weshalb er zu einem an Eindeutigkeit und damit an Dummheit beispiellosen Mittel greift. Auf einer Party im Palais einer weiteren Pariser Lebedame wirft er das Geld, das er soeben im Glücksspiel gewonnen hat, der bis vor kurzem vergötterten Frau vor die Füße. In der Partitur wird „furente sprezzo" gefordert, eine rasende, beinahe irrsinnige Verachtung. So verrückt ist er, daß er Klartext redet. Er behauptet, Violetta zurückzuerstatten, was diese zur Finanzierung einer kurzfristigen Gemeinsamkeit aufgewendet habe. Doch indem er das Thema Geld mit großer Stimme und ausladender Gestik anschneidet, erinnert er an Violettas langjährige Berufsausübung, zumal er, der Liebhaber, in die Runde schreit, alle sollten Zeuge sein, daß er sie bezahlt habe. Es fällt sage und schreibe das Wort „bezahlt" – „pagata". Er benimmt sich, als lebte er im 21. Jahrhundert. Er nennt die Dinge beim Namen.

Der Arzt hütet sich, so zu verfahren, und tröstet seine Patientin Valéry im letzten Akt mit der Lüge, die Genesung sei nicht ferne. Nur einer Aufsichtsperson, deren Nebenrolle so unscheinbar ist wie die seine, vertraut er die richtige Diagnose an: Schwindsucht und Tod binnen kurzem. Glücklicherweise verstellt sich auch der Tod. Violetta hat plötzlich keine Schmerzen mehr, und in einem Crescendo, das vom Sprechgesang bis zu prachtvoller Kantabilität reicht, preist sie die zurückgewonnene Lebenskraft, worauf sie stirbt, in der Kehle ein strahlendes „gioia" (Freude). Auch sie selbst, die Traviata, hat sich ein Leben lang verstellt, aus Konvention und aus Herzensgüte, musikalisch aber am überwältigendsten, wenn sie ihrem Alfredo, von dem sie sich abkehren soll, zu flatternder Musik versichert, sie sei ganz ruhig. Sie lächle doch, schluchzt sie, um dann endlich ihrer Verzweiflung freien Ausdruck zu lassen und in einem weiten melodischen Bogen den Freund anzuflehen, sie so zu lieben wie sie ihn. Piave, der Librettist, erfüllt diese Bitte zu spät.

Vollends versagt die klare Sprache, wenn der Opernfreund an Giuseppina Strepponi denkt, Verdis spätere Frau, in der Traviata-Zeit aber nur seine Lebensgefährtin, was damals die Leute noch moralisch aus dem Häuschen brachte, zumal schon die Vergangenheit dieser vermutlich großartigen Frau als etwas zu leidenschaftlich galt. Signora Strepponi war keine Madame Valéry, doch hätte das literarische Vorbild, die „Kameliendame" von Dumas dem Jüngeren, Giuseppe vielleicht kühl gelassen, wäre er mit Giuseppina nicht ein Herz und eine Seele gewesen.

Liebestöter gesucht

W as ist tragisch? Oft wird diese Frage einleuchtend beantwortet, selten aber richtig, nämlich so: Tragisch ist, wie es Amelia erging. Amelia, eine Frau, um die ihr Gatte zu beneiden ist (und leider auch beneidet wird), handelt hochmoralisch, agiert umsichtig, bleibt tapfer und löst auf diese Weise einen Mord aus. Da wahre Tragik transportabel ist, machte es überhaupt nichts aus, daß die neapolitanische Zensur den Schauplatz Stockholm beanstandete sowie die Tenorrolle Gustafs III. von Schweden. Denn der über Neapel herrschende König beider Sizilien schätzte es nicht, wenn Theaterleute vorführten, wie Könige umzubringen seien. So wurde aus Gustaf ein Richard, ein Gouverneur von Boston, Vereinigte Staaten, und aus Amelia eine Amerikanerin. Mit ihrem klangvollen Namen hätte sie überall auf der Welt heimisch werden können, sogar in Pommern, wohin die Handlung zu verlegen gleichfalls erwogen worden war.

Amelia liebt ihren Mann René, einen Bariton, und zwar so herzlich, daß sie tief unglücklich ist. Denn mit ihrer ganzen Seele liebt sie auch noch den dafür sehr empfänglichen Tenor, jenen König oder Gouverneur. Folglich sucht sie so etwas wie ein Antiaphrodisiakum. Sie kennt die Unfähigkeit niedergelassener Ärzte, verbotene Gefühle zu bekämpfen, und konsultiert deshalb eine Zauberin. Diese empfiehlt ein Kraut, das außerhalb der Stadtmauern wächst, genauer gesagt unter dem Galgen, und zur Geisterstunde von der Patientin eigenhändig gepflückt werden muß. Da wir wetten können, daß der nächste Bühnenbildner keine unheimliche Landschaft präsentiert, sondern das Gegenteil, vielleicht ein karg möbliertes Zimmer, sei auf Amelias moralische Energien besonders hingewiesen. Die öffentliche Sicherheit in einsamer Natur läßt derzeit, am Ende des 18. Jahrhunderts, sowohl in Massachusetts als auch in Schweden um Mitternacht zu wünschen übrig. Eine Dame, verheiratet mit einem hohen Beamten oder einem Grafen, setzt sich ungern der Gefahr aus, für mondsüchtig gehalten zu werden. Bekleidet mit einem langen Rock, pflegt sie auch nicht über Stock und Stein zu stolpern, es sei denn unter dem Gebot des strengsten Sittengesetzes. Amelia erreicht den schauerlichen Platz und – Tragik – gerade damit nicht ihr Ziel. Dort, wo sie ihrer Liebe ledig werden möchte, wird sie von ihr überwältigt. Richard/Gustaf hat von dem Ausflug Wind bekommen, betritt die Szene und bestürmt ein zitterndes Herz mit dem Brio und dem Schmelz Giuseppe Verdis. Dagegen ist kein Kraut gewachsen.

Soweit der Meisterstreich des Librettisten, der entweder Antonio Somma oder Francesco Maria Piave hieß. Kaum hatte er den Musterfall konzipiert, entwarf er einen zweiten, der zwar nicht so lupenrein tragisch ist wie der erste, aber immer noch gut genug für jede Theorie literarischer Gattungen. Der Ehemann wird der Todfeind des Nebenbuhlers, weil er dessen Freund ist. Anders gewendet: Er ersticht den Nebenbuhler, weil er diesem das Leben hat retten wollen. Dazu ist folgende Handlung nötig: Wind bekommt in jener Nacht nicht nur Richard von Amelias Pflanzensuche, sondern auch der Verschwörerchor von Richards galantem Abenteuer und René von der Absicht der Verschwörer, Richard zu folgen. Die Stätte der Einsamkeit, dann der Zweisamkeit wird zum Treffpunkt des Ensembles. Die Verächter des Musiktheaters lächeln hier natürlich überlegen und kommen mit einer alten Kamelle, dem Vorwurf der Unwahrscheinlichkeit. Sie sollten sich lieber darüber freuen, wie wirklichkeitsnah Oper sein kann. Unwahrscheinlichkeit ist eine besondere Spezialität des Weltgeschehens, das manchmal noch dicker aufträgt als jemals Francesco Maria Piave.

Der ideale Gatte und ideale Freund ist also zum Galgen gestürmt, wo er nach einem Terzett und einer Szene mit Chor die Bescherung sieht. Und was er sieht, genügt ihm. Er macht den Fehler, nicht an Unwahrscheinlichkeiten zu glauben, nicht an das botanische Interesse Amelias, nicht an deren im Augenblick immer noch gewahrte eheliche Treue. Aber so sind die Männer. Erwischt einer bei Nacht ein Pärchen im Wald und enttarnt er nach einigem Hin und Her die Frau als die seine, so meint er, sich den Rest denken zu können, er sei Kreole und hohes Tier in den Vereinigten Staaten oder blond und Graf Anckarström im Königreich Schweden. Auch ein Pommer hätte sich auf die mitternächtliche Szene seinen grimmen Reim gemacht.

Der gereizte Gatte wird im letzten Akt mit dem Dolch eine Beziehung beenden, von der er nicht ahnte, wie platonisch sie war.

Das geschieht auf jenem Maskenball, der dem Werk den Titel verliehen hat und der mehr nach Aschermittwoch schmeckt als nach Fasching. Er bietet nicht das Satyrspiel, das ganz früher der Tragödie folgte. Somma/Piave/Verdi verlegten das Satyrspiel in die Mitte des Stückes und wurden damit dem deutschen Standpunkt gerecht, wer den Schaden habe, brauche für den Spott nicht zu sorgen. Was den Gatten halb um den Verstand bringt, die Identifizierung Amelias, erregt die Heiterkeit der Verschwörer. Dabei haben sie recht mit ihrer musikalischen Delikatesse, dem Spottchor, denn ein Beispiel für verkehrte Welt ist es allemal, wenn jemand einen Schauplatz als Lebensretter betritt und binnen kurzem als gehörnter oder scheinbar gehörnter Ehemann verläßt. Die Tragik ist komisch. Genau das aber ist das Allertragischste.

Vorsicht, ein Idealist!

*D*er Musteridealist der deutschen Literatur, Schillers Marquis von Posa, ist mit seiner Aufforderung „Geben Sie Gedankenfreiheit!" zum politologischen Herzensbrecher geworden. Dabei hätte Philipp II. von Spanien diese Freiheit ohne weiteres gewähren können. Wie es einem Kapitän egal sein kann, was die sich zu Tode rudernden Galeerensklaven von ihm halten, so hätte auch dem König die Antwort einfallen können, wer alles tue, was er solle, könne ruhig denken, was er wolle. Die Librettisten Joseph Méry und Camille Du Locle, die den „Don Carlos" für Giuseppe Verdi plünderten, sind auf den Gedankenfehler mit der Gedankenfreiheit nicht hereingefallen, weshalb in der üblichen italienischen Fassung der Marchese schlichter und richtiger singt: „Date la libertà!" Die gibt Filippo seinen niederländischen Provinzen natürlich erst recht nicht, doch da ihm hochrangige Untertanen imponieren, die es ablehnen, Duckmäuser zu sein, beauftragt er Posa mit der Bespitzelung der Königin, von der er vermutet, sie habe etwas mit Carlo, seinem Sohn.

Diese zu einem Freiheitskämpfer nicht ganz passende Nebenbeschäftigung ist insofern doppelt unpassend, als ebendieser Posa es sich angelegen sein läßt, die andauernd von Hofdamen eingekesselte Königin heimlich mit Carlo zusammenzubringen. Der hängt an Posa, seinem Freund aus Jugendtagen, der Idealist aber an der

Schnapsidee, die Liebe in den Dienst der Politik zu stellen. Ein Rendezvous wird eingefädelt, damit die Königin ihren Stiefsohn kameradschaftlich überrede, sich als Ordnungshüter und Friedensstifter spornstreichs nach Flandern zu verfügen. An gepeinigten und daher aufrührerischen Provinzen liegt dem Kronensohn eigentlich wenig, dafür um so mehr an seiner sanften Stiefmutter, seiner Elisabetta, die er einst, als er mit ihr verlobt war, höchst offiziell hatte anhimmeln dürfen. Brav und gehorsam drängt sie ihn jetzt zur Abreise. Wer aber liebt und die Geliebte endlich vor sich hat, reist nicht ab, sondern bleibt da, womit alle vernünftigen Geister von Mozart über Rossini bis Richard Wagner völlig einverstanden gewesen wären.

Der Idealist will die Fäden ziehen, hat sie aber nicht in der Hand. Die Prinzessin von Eboli strebt eine Karriere übers Bett an, hat Vater Philipp schon vereinnahmt, will jetzt aber Nägel mit Köpfen machen und auch den Sohn verführen. Da Carlo wie die meisten verliebten Männer seine wahre Präferenz nicht zu verhehlen versteht, kann die Eboli dem König alsbald die Halbwahrheit stecken, seine Frau betrüge ihn mit seinem Sohn tatsächlich. Indes denkt Carlo nicht daran, sich mit einem einzigen Fehler zu begnügen. Kurz vor einer Ketzerverbrennung zieht er dem König gegenüber seinen Degen. Philipp donnert, der junge Mann solle entwaffnet werden, doch kein Grande rührt sich, keiner bis auf Posa, der sein Doppelspiel weitertreiben möchte. Der Titeltenor versteht die Welt nicht mehr und singt, während die Klarinetten ironisch das Freundschaftsmotiv

blasen, tonlos und ganz leise: „Du, Rodrigo!" Auch
der Chor versteht die Welt nicht mehr und haucht pianissimo „Posa!" Der König versteht sie am schnellsten
und ernennt den Marchese zum Herzog, womit allerdings für Flandern immer noch nichts erreicht ist.

In dieser Situation setzt der Idealist zu seiner
Abschluß-Intrige an, hetzt den Geheimdienst auf sich
selbst und wird von diesem prompt erschossen. Ster-
bend bittet er Carlo, Spanien zu retten, und spricht
damit Verdi aus der Seele, der das Wort „Spagna" mit
einem delikaten Orchesterakzent stützt. Auch diese
letzte Rechnung geht nicht auf, denn Carlo läßt sich
mit Elisabetta erwischen und darf froh sein, in einem
Kloster verschwinden zu können. Der Zuschauer hat
die Welt schon längst nicht mehr verstanden und fragt
sich, wieso denn um Himmels willen der Marchese seinen Freund Carlo nicht ins Vertrauen gezogen habe.
Vielleicht unterläßt der Opernfreund solche Fragen.
Solange von ihm nicht verlangt wird, allen Ernstes zu
glauben, der Tajo fließe flußaufwärts oder Carlo sei
der Cousin seiner Urgroßmutter, genügt ihm die Über-
zeugungskraft der Musik, ihr Friede, ihre Freiheit und
ihr Feuer – und ihre Macht, den Frevel auszudrücken
und den Fanatismus.

Der Schauspielfreund aber hat die Frage schon vor
200 Jahren gestellt, weshalb Schiller, zu dessen Ge-
wohnheiten es nicht gehörte, seinen Dramen Ge-
brauchsanweisungen hinterherzuschicken, sich be-
müßigt fühlte, in „Briefen über Don Carlos" darauf
hinzuweisen, daß Idealisten zwar Ideale, jedoch gerade

deshalb auch Macken hätten, vor allem aber das
Talent, andere Menschen zu instrumentalisieren und
ins Verderben zu reißen. Denn wohltätig wirke, was
auf selbstverständliche Weise aus einem guten Herzen
komme, nicht aber, was einem etwas weniger guten mit
Mühe und Not und Überredungskunst aufgepfropft
worden sei. Schiller, jawohl: Friedrich Schiller, bezich-
tigt die Idealisten der Neigung zur Willkür, zur Herrsch-
sucht und zur Heimlichtuerei und vergleicht sie in
makellosem Deutsch mit den Despoten dieser Erde.

Was hat der Marchese oder der Marquis denn aus-
gerichtet? Über ihn, über Carlos bei Schiller und über
Carlo bei Verdi triumphiert der Großinquisitor. Viel
fehlte nicht, daß er auch musikalisch siegte. Denn nach
Philipps berühmter Arie „Sie hat mich nie geliebt" hat
der 90 Jahre alte, blinde Fiesling einen der künstlerisch
geglücktesten Auftritte der Opernliteratur. Das dankt
er wirklich seinen Tritten, die das Orchester ausmalt:
Schleppend und herrisch, schwerfällig und reichlich
zielstrebig.

Unterirdisch, überirdisch

Von allen Textbuchautoren hat Antonio Ghislanzoni die schönste seelische Zwickmühle erfunden. Seine Aida ist die Tochter eines äthiopischen und die Herzensdame eines ägyptischen Feldherrn. An jedem dieser hohen Tiere hängt die junge Frau, wäre jedoch nicht hin- und hergerissen, und das bis zur Verzweiflung, verbände die beiden nur die gewöhnliche, in giftigen Wortwechseln sich erschöpfende gegenseitige Abneigung. Nein, Krieg muß herrschen zwischen Äthiopien und Ägypten, eine bekanntlich besonders intensive Animosität. Damit ist die Zwickmühle aber noch nicht gebastelt. Befände Aida sich körperlich auf der Seite ihres Vaters, könnte sie zwar vor Sehnsucht eine melancholische Konzertarie singen, nicht aber jene Komplikationen hervorrufen, die das Salz einer großen und repräsentativen, die Eröffnung des Suezkanals mit zwei Jahren Verspätung feiernden Oper sind. Folglich gehört Aida dramaturgisch nach Ägypten, aber nicht als Soldatenbraut, weil dieser Status bereits eine Lösung des inneren Konflikts bedeutete, sondern als Sklavin, die sich nach Frieden und damit nach beiden Männern sehnt. Außerdem muß Radames, der ranghohe Ägypter, die in den Staub gestoßene Aida zur Beschleunigung der Katastrophe mit einer Aufrichtigkeit lieben, an die das Opernpublikum nicht mir nichts, dir nichts glaubt. Dieses weiß, wie Tenöre flun-

kern können, und nimmt deshalb die nach einem lyrischen Orchestervorspiel in Windeseile ertönende
Glanz-Arie „Celeste Aida", Himmlische Aida, noch
lange nicht für bare Münze. Da nun bringt der Zwick-
mühlenbauer Ghislanzoni den originellsten psychologi-
schen Eckstein an. Der Feldherr verschmäht die Liebe
der First Lady, der Königstochter Amneris, einer tollen
Frau, die kein Zuschauer und kein Zuhörer von der
Bettkante stieße, zumal sie wie die meisten Altistinnen
eine gute Figur hat.

Nachdem die Zwickmühle gebaut ist, muß sie auch
noch funktionieren. Sie funktionierte aber mitnichten,
zerfiele vielmehr in ihre Bestandteile, würden die
Äthiopier den Krieg gewinnen, Aida befreien, deren
herzallerliebsten Ägypter gefangennehmen und ver-
schleppen, dann aber auf freien Fuß setzen, damit er
mit der jetzt steinreichen Aida die Ehe schließe. Das
liefe auf Friede, Freude, Eierkuchen hinaus, nicht aber
auf erhabene Tragik. Den Krieg gewinnen deshalb die
Ägypter. Sie nehmen Aidas Vater, den Feldherrn Amo-
nasro, in Gefangenschaft, jedoch in eine erträgliche, ja
bekömmliche. Wäre sie nicht so bekömmlich, könnten
sich Vater und Tochter nicht in Nilnähe zu einem
Duett treffen, das unter den Liebhabern tosender Temperamentsausbrüche erfahrungsgemäß für tiefe Zufriedenheit sorgt. Als nämlich Aida sich weigern möchte,
ihrem geliebten Radames ein militärisches Geheimnis
zu entlocken, verflucht sie der väterliche Bariton,
indem er (hoffentlich) das volle Orchester niederbrüllt,
die Ägypter Pharaonen nennt, das o in „faraoni" for-

tissimo in die Länge zieht, die Sklavin mit dem Wort
Sklavin beleidigt und in das erste a von „schiava" alle
schneidende Verachtung legt, derer seine soeben stra-
pazierte Stimme noch fähig ist.

Da aber erscheint Radames, beladen mit der künstlerischen Verpflichtung, dem Bariton melodisch gewachsen zu sein. Sofort stellt sich heraus, daß er es ist.
Vor lauter Wiedersehensfreude schmettert er eine
Jubelmelodie, eine Fanfare überquellenden Glücks.
Nur wenige Damen im Parkett werden sich erinnern
können, schon einmal so stürmisch und so harmonisch
begrüßt worden zu sein. Es folgen die stichhaltigsten
Beweise für die Liebe, die wirklich riesengroße. Den
ersten liefert Giuseppe Verdi mit erlesenen Melodien
für Sopran und Tenor. Der zweite besteht in der irrigen
Meinung der Protagonisten, die Welt gehöre ihnen.
Daher ihre Schnapsidee, irgendwohin zu fliehen,
womöglich in ein Niemandsland, in dem die Menschen
von der Luft und eben von der Liebe leben. Der dritte
Beweis ist die besinnungslose Auskunftsfreudigkeit des
Mannes. Aida erkundigt sich nach dem Aufmarschplan
der ägyptischen Armee, und Radames erwähnt, ohne
mit der Wimper zu zucken, die Schluchten von Nápata.
„Celeste Aida" durfte er sagen, „Nápata" nicht, auch
nicht unmelodiös und knapp, in nur drei Achtelnoten.
Unerfahrene Geschöpfe im Publikum halten jetzt, ganz
im Einklang mit der ägyptischen Priesterschaft und
dem Generalstab, Radames für eine Mischung aus
Trottel und Verräter. Wer aber weiß, was Liebe ist,
senkt ergriffen das Haupt. Wenn die Liebende fragt,

denkt der Liebende nicht an Strategie und Taktik, sondern antwortet. Die Antwort erfolgt in normaler
Mittellage, auf einem dezenten Klangteppich der Streicher. Sprechen wir ruhig von Liebesgeflüster.

Radames wird zum Tod verurteilt, was der alt-
ägyptischen Rechtslage und dem Bedürfnis des Komponisten nach einem abschließenden Liebesduett entspricht. Denn in jener Höhle, in der er lebendig
begraben wird, findet Radames seine Aida vor, die den
Zwickmühlencharakter ihres Lebens anerkennt und
sich mit ihrem armen Feldherrn willig in den Tod singt.
So unterirdisch das Grab, so überirdisch die Musik.
Irdisch ist vor allem der Triumphmarsch gewesen, dessen Trompetensoli so Furore machen werden, daß fortan das himmellange Blechinstrument Verdi-Trompete
heißen wird. Für Feinschmecker aber ist und bleibt
Amneris. Höre einer doch ihr hoheitsvolles Melos. Siehe,
zum Schluß bringt sie es über sich, das frische Grab zu
besuchen und den beiden eingekerkerten Seelen den
Frieden zu wünschen. Sie liebt Radames trotz Aida, die
in ihr eine große Gegnerin hatte. Eine Frau, der es
beim Publikum nicht schadet, verschmäht worden zu
sein. Eine bedeutende Frau. Aber sie ist ja noch zu haben.

Viel Eifersucht um nichts

*D*as Notenbild ist klar wie der lichte Tag. Das Klangbild aber beschwört die sturmgepeitschten Wogen herauf, an denen das Kriegsschiff der Venezianer mit Otello an Bord beinahe zerschellt. Ein Komponist um die siebzig, der von sich behauptet, am liebsten wäre er Bauer geworden, entfesselt mit geübter Hand einen abendlichen Tobsuchtsanfall des Mittelmeers. Dreifache Vorschläge an den Notenköpfen suggerieren die Peitschenhiebe, Sechzehntelläufe, aber kaum ein Zweiunddreißigstellauf, die Windgeschwindigkeit, Triolen, am überzeugendsten die des Blechs, den Kampf der Männer mit den Mächten. So schön schrill ist die Pikkoloflöte selten, so urgewaltig brummig die Bühnenorgel nie. Andere Komponisten hätten aus diesem Allegro agitato, mit dem der 1. Akt furios beginnt, ein Arbeitsbeschaffungsprogramm für Schlagzeuger gemacht. Giuseppe Verdi hingegen achtet auf die Ökonomie der Mittel, trotz großer Trommel und Tamtam. Denn das Publikum soll hören, wie der Chor sich herrlich aufregt, und den Wunsch verspüren, daß es noch lange so wunderbar wild und wohllautend weitergehen möge. Es geht auch so weiter, allerdings innerlich, in einem großen Herzen und nicht auf See.

In einem Stück von Jean Giraudoux relativiert Kassandra, die namhafteste Schwarzseherin der Weltgeschichte, ihren legendären Pessimismus mit dem Satz:

„Ich ziehe nur die Dummheit in Betracht, die der Menschen und die der Elemente." Dumm ist das Element auch vor dem zyprischen Hafen, wo es ohne Sinn und Verstand der siegreichen venezianischen Flotte die Heimfahrt erschwert. Dümmer aber ist Otello, der Feldherr, da er als Gatte Argwohn schöpft, anstatt der lieblichen Desdemona die eheliche Treue von der Nasenspitze abzulesen. Selbst wenn der Befehlshaber auf einer seiner Dienstreisen Boccaccio gelesen und keiner Gattin der Welt mehr über den Weg getraut hätte – an die Unschuld dieser einen Frau müßte er glauben. Singt sie mit ihm nicht eines der innigsten Liebesduette? Stehen für die Reinheit ihrer Gefühle nicht die unverdächtigsten Zeugen gerade, zwei Oboen, die A-Klarinette und die ersten Violinen, die in schimmerndem E-Dur das zärtlichste Motiv der Oper vortragen?

„Eifersucht ist eine Leidenschaft, die mit Eifer sucht, was Leiden schafft." Ein weiseres Wortspiel als das, an dem Cervantes, Schleiermacher und der Volksmund gefeilt haben, wird in deutschen Zitatensammlungen schwerlich zu finden sein. Es genügt, daß Desdemona sich bei ihrem Mann für einen degradierten Offizier einsetzt, einen gewissen Cassio – und schon geht die Saat des Zweifels auf. Otello meint, wer sich für X einsetze, liebe X, wer sich aber zweimal einsetze, und sei es auch nur, weil es beim ersten Mal nicht geklappt habe, liebe X heiß und innig. Von allen Gefühlen versteht es die Eifersucht am besten, sich ohne echten Anlaß zu bestätigen, weshalb Otello schlecht gelaunt, aber schnurstracks und stimmstark, von einem Aha-Erlebnis zum anderen gelangt. Desdemona beteuert ihre Unschuld unbeholfen, denn dieser Unschuld ist sie sich so sicher, daß sie nicht weiß, wieso derlei raffiniert beteuert werden müßte, was schon wieder ein Aha-Erlebnis für den Gatten ist, der sie schließlich als miese Kurtisane beschimpft. Wäre sie tatsächlich eine, würde sie auf italienisch geballte moralische Entrüstung bekunden, doch weil sie keine ist, erklärt sie laut und trotzdem kleinlaut, sie sei nicht das, was dieses fürchterliche Wort bezeichne. Aha!

Mit welchem Eifer Otello sucht, zeigt seine Reaktion auf den Bericht des Oberintriganten Jago über einen Traum. Im Schlaf soll Cassio zärtliche, an Desdemona adressierte Vokabeln gelallt haben. Verkehrte Welt: Jago ist es, nicht Otello, der mit der Erkenntnis abwiegelt, ein Traum sei nur ein Traum, und Otello ist es, nicht Jago, der behauptet, ein solcher Traum enthülle Tatsachen. Auf Verrückte ist Verlaß. Kein feines Intrigennetz muß da gesponnen werden, die gröbsten Maschen genügen vollauf. Dies erkannt zu haben ist Shakespeares unsterbliches Verdienst, an dem Arrigo Boito, der Librettist, seelenkundig partizipierte. Es bedarf nur noch der organisatorischen Minimalleistung, ein Taschentuch, das Otello einst Desdemona schenkte, in die Hände Cassios zu bugsieren, und das arme Weib ist gerichtet. Als ob ein echter Geliebter je auf die Idee käme, mit einem Taschentuch herumzufuchteln, das seine Freundin von ihrem Ehemann erhalten hat. Wer aber eifersüchtig ist und sein will, lechzt nach Gründen und nicht nach Gegenargumenten.

Falstaff, Verdis nächster und letzter Titelheld, irrt sich, indem er meint, in ihn, den Dickwanst, seien die meisten Frauen verliebt. Otello irrt sich, indem er meint, seine Frau liebe ihn nicht mehr. Auch aus Otello ließe sich eine komische Figur machen, doch ist er schon deshalb eine tragische, weil er in seinem Wahn die schuldlose Desdemona umbringt. Unmittelbar darauf erfährt er die Wahrheit, und es ist charakteristisch, daß sie einem Menschen, der sich ausgetobt hat, in wenigen Takten kurz und bündig beizubringen ist. Auch sich nimmt der Feldherr, dessen dunkle Hautfarbe Boito und Verdi kaum thematisiert haben, das Leben – aus Verzweiflung über die verdammte Eifersucht. Während er stirbt, er, der immer seine Zweifel hätschelte und nach Gewißheit gierte, vernimmt er zum letzten Mal den Beweis aller Beweise. Er hört zwei Oboen, die A-Klarinette und die tremolierenden ersten Violinen in schimmerndem E-Dur, hört seine und seiner Frau Musik.

134

Subtilitäten eines Wanstes

Ein halbes Jahrhundert lang hatte er die Leidenschaften ernst genommen, die Eifersucht zum Beispiel und die Sinnlichkeit sowieso. Nun ist Giuseppe
Verdi ein Greis und findet, es sei an der Zeit, lustig zu
werden, jedoch in einem neuen, hochartifiziellen Stil.
Er komponiert jetzt wie noch nie – eine flinke Musik,
gelenkig und kurz angebunden, dabei voller sarkasti-
scher Zwischenrufe und boshafter Fußnoten. In der
herkömmlichen Opera buffa, wie auch er eine verfaßt
hatte, damals, als hochbegabter Anfänger, wird der mit
irgendeinem Thema angeschlagene Ton zumindest für
die Dauer der betreffenden Arie beibehalten. In solcher
Sicherheit kann sich niemand wiegen, der den
„Falstaff" hört. Was da aufeinanderfolgt, sind musikalische Aphorismen, und keinem fehlt es an geballter
Kraft des Ausdrucks. Vorbei ist es mit der Stabilität der
Stimmungen und der Kontinuität der Gefühlsausbrü-
che. Es gilt, die Ohren zu spitzen und auf Trab zu halten, denn die vokalen und instrumentalen Delikatessen
kündigen sich nicht an. Sie blitzen auf und sind schon
wieder weg.

Das spritzige Melos ist etwas für Shakespeares
Geschöpfe, zumal für die munteren Eheweiber aus
Windsor. Sie sind kleine Luxusweibchen, haben Personal, kaum Sorgen und daher Zeit, Sir John Falstaff
einen derben Streich und dann noch einen zu spielen.

Auch die gute alte Eifersucht, die einen der Ehemänner plagt, paßt zu Verdis feingliedrigem Schabernack. Da Ford zum Nervenbündel geworden ist, reagiert er wie die Komposition in Sekundenschnelle auf den Reiz des jeweils nächsten Stichworts. Gegen musikalische Wirbel und Strudel ist nur die unerschütterliche Zartheit einer Liebesbeziehung gefeit. Ein Sopran und ein Tenor, beide vom lyrischen Fach, haben mit sich selbst zu tun, holen zu innigen Kantilenen aus und begegnen der Haupthandlung mit geschmeidigem Desinteresse.

Aber Falstaff, der Ritter nicht von der traurigen, sondern von der lächerlichen Gestalt? Seines enormen Bauches wegen kann er keine Pirouetten drehen, wie denn auch Verdi immerzu vom „Wanst" sprach, sobald er sich mit Arrigo Boito, seinem idealen Librettisten, über die Titelfigur verständigte. Diese ist jedoch beweglichen Geistes und braucht ebenfalls nur ein paar Noten, um das Wichtigste vom Wichtigen zu verkünden, daß nämlich ihr Bauch ihr Königreich sei, das sie noch zu vergrößern gedenke. Zum Klang des vollen Orchesters unterstreichen Schmettertriolen des Blechs diese baritonale Aussage, unterstreichen sie aber nur zwei Takte lang, denn zwei Takte sind beinahe schon zuviel. Weitere Feinheiten: „Con flemma", phlegmatisch, als sei die Sache nicht der Rede wert, gibt der verarmte Falstaff, der auf großem Fuße leben möchte, einen Hausfriedensbruch samt Diebstahl zu. Das eindeutige, aber knappe Geständnis ruht auf einem weichen Klangteppich, denn die ersten Violinen und die Bratschen begleiten „legatissimo", mit allerschönstem

Legato. In einem späteren Akt ersterben die Posaunen, wenn ausgerechnet Falstaff feststellt, daß es in dieser schlechten Welt aus sei mit der Tugend. Wenn er die ehernen Worte „Tutto declina" murmelt, hat das Orchester Generalpause, die jedoch nur einen Takt anhält, weil Verdi dem Untergang des Abendlandes eben nur einen einzigen widmet. Kurz macht es der Ritter selbst dann, wenn ihm geschmeichelt wird. Mrs. Quickly, deren Epigramm „Reverenza" einer der winzigsten Ohrwürmer ist, gesteht ihm zu, ein großer Verführer zu sein. Zwei Achtelnoten genügen für die Versicherung, daß er dies wisse, drei für die Bitte, zur Sache zu kommen.

Ein großer Verführer ist der Dicke tatsächlich. Allerdings verführt er, wie die Oper lehrt, keine Weiber von Windsor, sondern Anglisten und Musikschriftsteller. Sie haben einen Narren gefressen an diesem kleinkriminellen Rüpel, diesem ewigen Säufer und scheiternden Schürzenjäger. Sie verteidigen ihn sogar gegen Shakespeare, indem sie behaupten, dieser sei ihm nur in einem seiner Königsdramen gerecht geworden, nicht aber in der Windsor-Komödie. Verstehe einer die persönlichen Sympathien von Personen! Nun gut, es ließe sich anführen, daß Falstaff Witz habe, auch einen scharfen Blick für menschliche Verworfenheit, und zwar nicht nur für die seiner Diener, sondern auch für die eigene. Denkt er nicht an sich selbst, wenn er brummt, die Liebeslust verwandle den Menschen in ein Tier? Auch die Definition der Ehre als eines italienischen Drei- und eines deutschen Zweisilbenwortes trägt ihm intellektuelles Renommee ein. Ferner ließe sich zu seinen Gunsten sagen, er nehme zwar gern übel, höre damit aber nach einigen Takten und nicht erst nach einigen Akten auf. Im Nu verzeiht er den Eheweibern, daß er um ein Haar erstickt oder ertrunken wäre, das eine in dem von ihnen empfohlenen Versteck, einem Korb voller Wäsche, das andere in der Themse, dem Ort der Entleerung jenes zweckentfremdeten Behältnisses.

Das geschickteste Plädoyer der Verteidigung hielt ein Sophist des 18. Jahrhunderts. Er schuf die Formel, Falstaff sei ein Spitzbube ohne Bosheit und ein Lügner ohne Tücke. Es ist doch kaum zu glauben! Da macht einer in Briefen identischen Inhalts zwei Ehefrauen den Hof, ihres jeweiligen Bettes, vor allem aber ihrer Geldbeutel wegen, und wird trotzdem zum Darling der Geistesgeschichte. Noch geschickter aber verfährt Giuseppe Verdi. Er stattet seinen aufgeblasenen Helden mit tausend Subtilitäten aus und präsentiert ihn als einen Kerl, der Spaß versteht. Daher die Schlußfuge „Alles ist Spaß auf Erden". Verdi weiß, wie wenig das stimmt, und wird dafür sorgen, daß diese Schönfärberei nicht sein letztes Wort bleibt. Älter als 80, wird er noch ein Stabat mater komponieren sowie ein musikmetaphysisch überwältigendes Te Deum.

Mord an Mariae Himmelfahrt

Eifersucht ist etwas Feines – aus der Entfernung betrachtet. Die eigene Person darf ihr nicht anheimfallen, weil sie vor lauter Wut und Kummer keinen Spaß mehr hätte an der sehenswerten Empfindung als solcher. Eifersucht auf der Bühne hingegen erfreut das Herz, denn der Zuschauer ist sicher vor ihr und kann in Seelenruhe abwarten, welche Verwüstungen sie anrichtet. Mit Mord und Totschlag verhält es sich ähnlich. Das Publikum begnügt sich mit der Spannung, der Schokoladenseite des Verbrechens, und applaudiert den Repräsentanten der Ruchlosigkeit.

Es applaudierte seit jeher, obwohl einst die Adressaten des Beifalls, die Schauspieler, kaum gesellschaftsfähig waren. Wenn sie zur Zeit der ersten Industrialisierung am Fest Mariae Himmelfahrt, am 15. August also, in einem kalabrischen Dorf auftreten, ist ihr Sozialprestige nicht das beste, wenn auch unglücklicherweise nicht so schlecht, daß Silvio, der Bauernbursche, es sich selbst verbitten würde, in das weibliche Mitglied der fahrenden Truppe verknallt zu sein. Dennoch sind sie „Pagliacci" – eine Berufsbezeichnung, die von der italienischen Sprache auf alle Personen übertragen worden ist, die sich blöd benehmen und des Anstands entbehren. Es soll aufreizend klingen, wenn Ruggiero Leoncavallo, ein dichtender Komponist, seinem seriösen Einakter den Titel „Pagliacci" gibt. Die etablierte deutsche Übersetzung „Der Bajazzo" ist ein wenig zu brav. „Der Clown" wäre doppeldeutiger und damit besser.

Dafür ist der Sänger des Prologs traditionsgemäß wie ein Clown gekleidet, obwohl er, Tonio, im Stück der Wandertruppe, hier Theater auf dem Theater, einen Diener gibt. Aber das macht nichts, denn der Bariton besingt einen Berufsstand, den eigenen, den der Komödianten. Vor noch geschlossenem Vorhang schon der erste Auftritt eines Sängers im Kostüm – das ist ein Glanzeinfall, so gut, daß die Kenner sich wundern, wieso nicht schon andere berühmte Komponisten darauf gekommen sind, so gut auch, daß er einschlägt und spätere Tonsetzer es nicht mehr wagen, ihn aufzugreifen. Auch einen wunderbaren Doppelpunkt-Effekt enthält der Prolog. Ja, das vermag symphonische Musik: Sich unter Ausbeutung der Harmonielehre so zu steigern, daß der Hörer einen Höhepunkt, eine kalte Dusche oder aber eine Erleuchtung erwarten darf. Und es folgt der weise, melodische Rat, nicht auf die Kostümierung des Komödianten zu achten, sondern auf seine Seele, die wie die des Hörers sei, eine menschliche und damit eine erbarmungswürdige.

Aber der Schau-Spieler ist nur gut, wenn er spielt. Litte er selbst, wäre er das Opfer der Pein und nicht deren souveräner Gestalter. Vollends ist es der Komiker, der allen Ernstes kühl sein muß, damit die Pointen zielsicher zünden. Jede innere Erregung, jedes echte, ehrliche Gefühl läuft auf eine Vernachlässigung seiner beruflichen Pflichten hinaus. Ist es nicht komisch, wenn ein Mann eine Frau anhimmelt? Noch lacht der

Chor, wenn solche Vergötterung der Diener Taddeo alias Tonio karikiert – und karikieren kann, weil er nicht oder nicht mehr oder im Augenblick nicht in die anzusprechende Dame verliebt ist. Noch steuert Leoncavallo eine Musik bei, die nicht aus seinem Musikerherzen, sondern aus der Tanzkultur des 18. Jahrhunderts stammt. Bald aber hört er auf, aus diesem Herzen eine Mördergrube zu machen, und komponiert wieder schwelgerisch-veristisch. Schluß mit dem Theater auf dem Theater. Canio, der tenorale Hauptheld, im Leben wie auf der Bühne Ehemann derselben Frau, vermag Kunst und Wirklichkeit nicht mehr auseinanderzuhalten und tötet. Genau das ist die Tragödie, die zwei Menschen mit ihrem Leben zu bezahlen haben, die treulose Frau und deren Liebhaber, der Bauernsohn.

„Lache, Bajazzo!" Ein grausamer Befehl. „Ridi, Pagliaccio!" Ein Imperativ aber, der den Kern der Sache trifft. Nachdem er von Leoncavallo, dem Texter, mit zwei Worten getroffen war, mußte Leoncavallo, der Komponist, dafür noch fünf Töne finden, genauer gesagt zehn, denn Canio ruft sich den entscheidenden Imperativ zweimal zu, zuerst mit einem Rest von Lässigkeit, dann aber in aller Unerbittlichkeit. Das volle Orchester zitiert die unerbittliche Stelle am Ende der Oper, gewissermaßen als der Musik letztes Wort, zitiert sie majestätisch und affirmativ. So ist es eben. Und sollte es nicht auch so sein? Ein guter Dirigent mag ja in das majestätische Motiv eine gewisse Schmerzlichkeit legen und der Tenor sich zuvor mit einem gewissen Recht gefragt haben, wie denn nur jemand im Delirium

Theater spielen könne – es bleibt dabei, daß der Komödiant seinen Beruf ausübt, sobald er auf der Bühne
steht, diesen wahrhaft einzigartigen Beruf. Endlich einmal darf, soll, muß und kann der Mensch ein anderer
sein, als er ist. Diesen ontologischen Dauerkitzel genießt Nedda, die Frau des Lache-Bajazzo-Tenors. Dem
ihr nachstellenden Tonio empfiehlt sie, seine verliebten
Grimassen gefälligst im Theater zu schneiden. Vor
allem ist sie dasjenige Ensemblemitglied, das am Lustspielton auch dann noch hängt, wenn aus dem Spiel
Ernst wird, aus dem Theater auf dem Theater eine Tragödie, aus der ehebruchswilligen Colombine gegen alle
Regeln der Kunst wieder die ehebrecherische Nedda.
Brava!

Ausgerechnet diese Oper, deren Thema die künstlerisch gespiegelte Ehekrise ist, geht ihrerseits eine Verbindung von märchenhafter Beständigkeit ein. Uraufgeführt 1892, werden die „Pagliacci" fast ausnahmslos
immer zusammen mit „Cavalleria rusticana" gegeben,
dem Einakter eines anderen Komponisten. Es gibt also
noch Treue auf der Welt.

Gefühle explodieren sofort

*H*eiß wird es sein an diesem Ostersonntag, wenngleich immer noch kühler als im grausamen Sommer. Da die Einwohner des sizilianischen Dorfes die uralte Selbstverständlichkeit brutaler Temperaturen keines Wortes würdigen, muß sich mit dem Klima das Orchester befassen. In dieser Hitze bitte keine zündenden Rhythmen – wir brauchen kein Feuer, wenigstens fürs erste nicht. Das Orchester drückt die Gemessenheit aus, zu der die Sizilianer verdammt sind. Es kündigt aber auch schneidende Kontraste und jähe Umschwünge an, denn ruhige Leute geben nicht lebenslang Ruhe. Einem mit Engelsgeduld durchgehaltenen Pianissimo etwa folgt unvermittelt, von einem Takt auf den anderen, ein Fortefortissimo, eine breite Fanfare des Stolzes, grell und plakativ. In „Cavalleria rusticana" wird aus barocker Terrassendynamik das Schallbild Hütte neben Hochhaus.

Im Sizilien des ausgehenden 19. Jahrhunderts haben die Leute Zeit und müssen selbst in einem Einakter nicht gleich mit der Handlung beginnen. Zum Zeichen dafür, daß es mit der Dramatik noch gute Weile hat, singt der Tenor sein erstes Lied hinter geschlossenem Vorhang. Diese Siciliana besteht tatsächlich aus sizilianischen Lauten, die nicht einmal die Norditaliener verstehen, geschweige denn die Nordeuropäer, und läuft auf eine Komplettierung der Orchesterfarben hinaus.

Oder weiß jemand, was „lu primu vasu" bedeutet? Nun, besungen wird ein angenehmes Vorkommnis, il primo bacio, der erste Kuß. Der Vokal „u" feiert auf der heißen Insel Orgien, weshalb der Tenor nicht Pietro Mascagni heißt, wie der Komponist, oder Giovanni Verga, wie der Dichter und Ideenspender, sondern einfach Turiddu. Sizilianisch verhielten sich auch jene Römer, die im Mai 1890 bei der Uraufführung zugegen waren. Nach der Siciliana, es sang eine Koryphäe, spendeten sie nicht Beifall, sondern schnellten hoch, unversehens, Knall auf Fall, und brüllten vor Begeisterung.

Auch in italienischer Hochsprache beeilt sich niemand, mit der eigentlichen Handlung zu beginnen. Der Damenchor schildert den Frühling, dessen Reize erwähnenswert sein mögen, mit der bevorstehenden Katastrophe aber nichts zu tun haben. Der Herrenchor ahnt und befürchtet ebensowenig. Die Landleute sind guter Dinge, bleiben aber gemessen und meiden jede Aufregung. Das Orchester stimmt ein Largo an, ein Stück in dunklen Farben, in so dunklen, daß der lüsterne Zuhörer freudiger Erwartung anheimfällt, spürt er doch, daß auf der Bühne jetzt die Aufregung endlich beginnen muß. Und ob sie beginnt. Von einem berühmten Intermezzo sinfonico abgesehen, das den drastischen Ablauf zart unterbrechen wird, geht es fortan Schlag auf Schlag.

Die Bauerntochter Santuzza, endlich einmal eine vernünftige Rolle für die gemeinhin vernachlässigten Altistinnen, ist dem Jungbauern Turiddu, ihrem Liebsten, auf die Schliche gekommen. Das Duett der beiden zum Thema Seitensprung läuft nach gesamteuropäischem Muster ab: Er wirft ihr vor, daß sie ihm Vorwürfe mache. Seine dummdreiste Beteuerung, er sei nicht der Sklave ihrer albernen Eifersucht, zeigt Mascagnis Meisterschaft in der melodischen Schilderung aufbrausender Menschen wie in der Einfädelung totaler Übergangslosigkeit. Das erhitzte Duett wird unterbrochen, nein abgeschnitten von einem Liedchen, das Lola trällert, die enttarnte Geliebte. Ihr leichter, tändelnder Sinn vergrößert die Bitterkeit Santuzzas, die ihren Turiddu alsbald verflucht, und das leider allen Ernstes.

Andere Komponisten haben Figuren geschaffen, die sich in ihrer Leidenschaft verzehren – sich selbst! Bei Mascagni hat die Leidenschaft, und das auf der Stelle, Konsequenzen für den Nächsten. In den meisten drei- oder vieraktigen Opern entwickelt sie sich, in diesem Einakter explodiert sie. So auch in der Brust des Fuhrmanns Alfio, der, weil dauernd unterwegs, die Gattin Lola zu oft allein, das heißt zu oft zu zweit läßt und die Bühne mit einem Lied betritt, dessen italienischer Schmiß von tiefster Ahnungslosigkeit zeugt. Santuzza höchstpersönlich ist es, die den Bariton aufklärt, ihn unter minimalem Zeitaufwand zu einem der grimmigsten Rachegesänge der Opernliteratur inspiriert und dazu, Turiddu zu töten.

Nach einem ebenfalls schmissigen Trinklied für Tenor und ahnungslosen Chor und unmittelbar vor dem blitzschnell ausgehandelten Duell mit Messern tritt die für Nord- und Süditalien typischste Frauengestalt in Funktion: la Mamma, die Mutter. Diese Frau hat, als Schwiegertiger in spe, der einzigen Arie der betrübten Santuzza gelauscht und vernimmt nun aus dem Munde ihres Sohnes, zu welchem melodischen Schmelz tenorale Todesangst sich zu steigern vermag. Wenn Turiddu seine Mutter bittet, für Santuzza zu sorgen und für ihn zu beten, hat er Töne, die wie vom Himmel gefallen sind, eine E-Musik in des Kürzels vierfacher Bedeutung: ernst, elementar, effektvoll und einfach.

Mascagni, 1863 geboren, aber nicht auf Sizilien, sondern in Livorno, gewann als junger und gänzlich unbekannter Mann einen von Sonzogno, dem Verleger, ausgeschriebenen Wettbewerb in der Komposition einaktiger Opern. Es folgten noch 55 Lebensjahre, in denen er zusah, wie die kleine Oper, sein großer Wurf, aufgeführt und aufgeführt wurde, andere Werke von ihm aber längst nicht so oft, auch nicht „L'Amico Fritz" in Italien und „Freund Fritz" in Deutschland. Der Titel „Cavalleria rusticana" klingt fesch, beinahe elegant und wurde deshalb nie nachhaltig übersetzt. Dabei würde zu dem schroffen und herben Charakter der Oper wie zu deren Kürze ein deutsches Wort viel besser passen: „Bauernehre".

Engelbert und Adelheid

K inder sollten Märchen lesen, damit sie rechtzeitig
erfahren, wie schlecht die Welt ist. Da wären zum
Beispiel der Mann und dessen zweite Frau, die sich
darauf einigen, seine beiden kleinen Kinder im Wald
auszusetzen. Da es beim ersten Mal nicht klappt, wird
der Versuch halt wiederholt, diesmal mit Erfolg. Ein
leiblicher Vater bringt derlei übers Herz, zwar nicht so
ohne weiteres wie die Stiefmutter, auf deren Druck hin
dann aber eben doch. Daraus können Kinder lernen,
warum Menschen gemein werden: aus Anlage, aus
Armut, aber auch aus Schwäche. Märchen sind die
Volksschule der Lebensweisheit. Zur Vorbereitung auf
die hohe Schule, auf die Stoa und die französischen
Moralisten, auf Gracian und Schopenhauer, eignet sich
kaum etwas so gut wie die Märchen der Gebrüder
Grimm.

Zu lernen ist ferner, daß vor allem gute Menschen
es nötig haben, schlau zu sein und manchmal auch
gerissen. Hänsel und Gretel wären nie dahintergekommen, was die Eltern im Schilde führen, hätten sie nicht
deren nächtliche Gespräche belauscht. Die beiden
wären schon beim ersten Waldgang verloren gewesen,
hätte Hänsel den Weg nicht mit leuchtenden Kieselstei-
nen markiert. Hänsel wäre von der halbblinden Hexe
ziemlich schnell verspeist worden, hätte er ihr nicht
einen dünnen Knochen hingestreckt, den sie für einen

ungenießbaren Finger hielt. Gretel wäre in den glühenden Backofen gestoßen worden, hätte sie sich nicht
solange dumm angestellt – merke: Klugheit tarnt sich –,
bis die böse Hexe selbst ins Feuer geschubst werden
konnte.

Die Täuschungsmanöver muß die Librettistin Adelheid Wette wohl oder übel übernehmen, denn das
Publikum ihrer Zeit, das kleine und das erwachsene,
kennt „Hänsel und Gretel". Sonst aber zieht sie, da ihr
an der Vermittlung von Menschenkenntnis nichts liegt,
der bissigen Story ein paar Zähne aus. Auf diese Weise
wird die Geschichte massenpsychologisch zum Weih-
nachtsmärchen, obwohl Weihnachten in keinem der
drei Akte vorkommt. Zu Beginn des dritten wird zwar
ein Tannenbaum erwähnt, aber nur, weil Gretel höchst
unfreiwillig unter ihm genächtigt hat.

Frau Wette meint es gut mit den Eltern, nimmt
ihnen die kriminelle Energie und traut ihnen nur ein
paar Unbedachtheiten zu. Den unheilvollen Ausflug
der Geschwister motiviert sie mit der Sehnsucht der zur
Mutter beförderten Stiefmutter nach Erdbeeren. Während im Urtext die Geschwister den endgültigen Heimweg allein finden müssen, stürmen in der Oper die
Eltern auf die Knusperhäuschen-Szene und holen die
Kleinen ab. Bei dieser Gelegenheit singt die Mutter
nicht soviel wie der Vater, doch immerhin leibt und
lebt sie. Bei Grimm heißt es: „Die Frau aber war
gestorben", haben Schriftsteller doch eine unnachahm-
liche Art, Menschen aus dem Weg zu räumen, die sie
nicht mehr gebrauchen können. Wie sich aber die

Gebrüder Grimm gegenseitig gebraucht hatten und auch Gretel auf ihren Hänsel angewiesen ist, braucht Adelheid, damit aus dem ursprünglichen Privattheater eine große Oper werde, ihren Bruder Engelbert Humperdinck.

Die von einem Geschwisterpaar geschaffenen Geschwister sind kindlich, aber nicht kindisch und werden sich, das sei vorausgesagt, zu seelisch reifen Persönlichkeiten entwickeln. Daß ausgewachsene Sopranistinnen sie verkörpern, ist deshalb künstlerisch gerechtfertigt. Den Geschwistern begegnet der Zuschauer gern, denn als kleine Lebenskünstler schleppen sie nicht jene Pseudoprobleme mit sich herum, die dem Menschen den Umgang mit seinesgleichen so verleiden.

Dafür sind die wahren Probleme der beiden gewaltig. Für uns ist der Wald ein übersichtlicher Freizeitpark, für sie das Labyrinth der Labyrinthe. Für uns ist Angst eine gehätschelte Modeströmung, für sie die elementare Reaktion auf überdeutliche Lebensgefahr. Manche Erdenbürger sind so verkorkst, daß ihnen tatsächlich nicht zu helfen ist. Hänsel und Gretel, und das ehrt sie, kann immer geholfen werden. Andrerseits sind sie belastbar und würden um die Wette lernen, hätten die Eltern nur das Geld, sie zu einem Schulmeister zu schicken. Zugegeben, davon steht im Text nichts. Es sind jedoch die schlechteren Stücke, die für jede Nuance ein klärendes Wort aufbieten müssen.

Die Kinder singen romantisches Melos, aber auch Kinderlieder, und wer diese hört, wird es kaum für möglich halten, daß nicht das Volk sie komponiert hat, sondern Engelbert Humperdinck. „Suse, liebe Suse, was raschelt im Stroh?" Die Melodie stammt von einem Komponisten, der an den Märchenstoff mit soliden Skrupeln heranging. „Brüderchen, komm, tanz mit mir." Das vertonte ein eingefleischter Wagnerianer. „Knusper, knusper, knäuschen." Die fällige Wiederholung des Autorennachweises berechtigt zu der Frage, welches Lied im Volkston denn nun ausnahmsweise ein Volkslied sei. Nun, „Ein Männlein steht im Walde" gilt als niederrheinisch.

Obwohl Humperdinck von allen Komponisten der Spätromantik seine Begabung für genußreiche Einfachheit am ohrenfälligsten unter Beweis gestellt hat, blieb ihm dennoch der Vorwurf nicht erspart, sein Orchesterklang sei zu opulent für das Sujet. Unsinn! Besser gesagt: Verleumdung! Wer das Glück hat, Sänger mit guter Stimmausbildung zu hören, wird jede Silbe verstehen. Die Melodik kann sehr einfallsreich, die Instrumentierung sehr delikat sein. Humperdinck hatte Gustav Mahler auf seiner Seite und auch Richard Strauss, der 1893 in Weimar die Uraufführung dirigierte, eine wegen Krankheit, nicht wegen Weihnachten vom 14. auf den 23. Dezember verschobene. Das Werk ist etwas für erfahrene, gebildete Hörer, die bei dem Satz „Abends, will ich schlafen gehn, vierzehn Engel um mich stehn" an die vierzehn Nothelfer denken sowie an die Unverzichtbarkeit des ersten Kommas.

Sklaverei in den höchsten Tönen

D er Bariton kann einem leid tun, denn er hat eine tragende Rolle. Verzeihung, ein Kalauer. Im Theaterjargon ist „tragend" ein Synonym für „lang", im Deutschen ein Hinweis auf Schwerarbeit. Tatsächlich trägt zu Beginn der Vorstellung der Lakai Gérard gemeinsam mit anderen dienstbaren Geistern ein blaues Sofa in die Veranda eines Schlosses, wo er besingt, was er getragen hat. Nach einem Hausfrauenklaps auf jedes Kissen gedenkt er in einem Arioso der nicht mehr taufrischen, aber gut gepuderten Damen von Adel, die binnen kurzem mit ihren ebenfalls gepuderten Liebhabern auf diesem Einrichtungsgegenstand flirten werden. Er gedenkt aber auch seines alten Vaters, dessen sechzigjährige Rolle als Gärtner so tragend gewesen war, daß er jetzt krumm und schief ist und völlig stumm bleibt. So schnell wie möglich soll der Zuschauer merken, daß die Zeichen auf Sturm stehen, also auf Französische Revolution.

Der Librettist Luigi Illica, dessen szenische Anweisungen fast so ausführlich sind wie der zu singende Text, schreibt sogar vor, was Carlo Gérard gelesen haben muß, damit der Vorhang sich heben kann: Rousseau und die französischen Enzyklopädisten. Prompt versucht der belesene Bariton, ein Rokokofest zu verfremden. Er präsentiert der tändelnden und tänzelnden Gesellschaft einen Chor der Landleute in abgerissener Kleidung und reißt sich die eigene, ganz und gar nicht abgerissene Livree vom Leib. Nach diesem sozialkritischen Striptease packt er seinen stummen Vater, der soeben noch systemstabilisierend vor der Hausherrin in die Knie gegangen war, und sucht mit ihm das Weite.

Natürlich müßte ein Gérard mit Vornamen Charles heißen, doch ist von einem Italiener, der es gewöhnt ist, über Volfango Goethe und Guglielmo Shakespeare zu sprechen, kein anderer als ein Carlo zu erwarten. Carlo Gérard kann einem aber auch deshalb leid tun, weil er sich nicht in ein schmuckes Bauernmädchen oder eine Pariser Vorstadtgöre verliebt, sondern in die Tochter der Schloßherrin, in Maddalena di Coigny. Da, wie er meint, seine Beziehungen zu ihr sich nicht in stiller und stummer Betrachtung ihrer Erscheinung erschöpfen sollten, begrüßt er die Revolution, die aus einer reichen Erbin einen armen Flüchtling macht. Verehrte Historiker, war Partnervermittlung vielleicht der geheime und streng vertrauliche Hauptzweck der Französischen Revolution?

Schließlich geht aus den Quellen hervor, daß zum Adel auch schnuckelige junge Frauenzimmer gehörten. Tatsächlich wird Maddalena geneigt sein, sich mit dem einstigen Lakaien einzulassen, dies aber unter Bedingungen, die für einen frischgebackenen Citoyen wenig schmeichelhaft sind. Gérard, der als Revolutionär Karriere gemacht hat, unterschreibt im dritten Akt die Anklageschrift gegen André Chénier, den Dichter. Dieser heißt natürlich Andrea und ist, was Carlo gern geworden wäre, der Liebste der adeligen Maddalena. Mit der Feder in der Hand merkt Gérard, was für ein Lump er selbst ist, und unterschreibt nicht gleich, sondern erst nach seiner musikalischen Glanznummer, dem Monolog „Nemico della patria".

Mit „Feind des Vaterlandes" ist Chénier gemeint und das Todesurteil angedeutet. Die linke Französische Revolution war nämlich so rechts, daß andauernd von „la patrie" geschwärmt wurde, wie denn auch in dieser Oper von sämtlichen Substantiven nur „amore" noch häufiger vorkommt als „patria". Selbstkritisch singt Gérard, er sei zwar nicht mehr Sklave auf irgendeinem Schloß, wohl aber Sklave seiner Leidenschaft. Der Opernfreund kann da nur sagen: Ein guter Tausch. Der letztgenannten Sklaverei verdanken wir seit Jahrhunderten die herrlichste Musik. Doch selbst in dieser Hinsicht kann Gérard einem leid tun, denn seine allerbesten Einfälle hat Umberto Giordano, der Komponist, Andrea und Maddalena in die Kehlen gelegt, dem Tenor und dem Sopran, obwohl der Bariton es ist, für den sich der Textautor die interessantere charakterliche Entwicklung ausgedacht hat.

Zu deren Höhepunkt und damit zu innerer Umkehr gelangt Gérard, wenn Maddalena ihm ihren Körper unter der Voraussetzung anbietet, daß er Chénier rette. Der Lüstling, der gerade erst wortspielerisch geschmettert hat, er habe sie sprechen wollen, weil er sie besitzen wolle, erkennt urplötzlich die Großartigkeit tiefer, reiner Liebe. Dieser italienischen Revolution in seinem Herzen darf er während der einschlägigen Takte mimisch Ausdruck verleihen, musikalisch aber nur mit einer ganz kurzen Phrase. Aus dem Orchestergraben dringt romantisch kein Gérard-Motiv, sondern ein André-Chénier-Zitat. Die anschließende Arie singt nicht er, sondern Maddalena. Gérard ist ganz Ohr und von dem Stück, einem der populärsten, das um 1900 der Verismus hervorgebracht hat, so beeindruckt, daß er verspricht, den Nebenbuhler vor der Guillotine zu bewahren. Da kennt er aber den Fanatismus der Menge und der Revolutionstribunale schlecht. Illica und Giordano kennen ihn gut und schildern ihn, wie schon zuvor das Ancien régime, mit künstlerisch fruchtbarer Abneigung.

Gérards letzte Bühnentat ist ein stummes Ja. Er nickt mit dem Kopf und gibt damit sein Plazet zum wenn schon gewaltsamen, dann wenigstens gemeinsamen Tod von Andrea und Maddalena. Kaum sind diese allein, strömen von ihren Lippen einige der schönsten Melodien, die Umberto Giordano je komponiert hat. Der Sklave der Leidenschaft ist gegangen, doch der Sopran und der Tenor, die er zurückließ, preisen in den letzten Minuten ihres Lebens eine solche Sklaverei in den höchsten Tönen.

Leise sein beim Liebesgeflüster

W enn die Sopranistin endlich zugibt, was der Tenor schon lange hören wollte, und dieser aus dem Häuschen ist, weil er vernimmt, sie liebe ihn, dann schwelgt das Ohr des Opernfans. Die beiden Sänger halten lange Töne, das Orchester gibt sich freudiger Erregung hin, und wieder einmal weiß der Komponist, was er diesem biographischen Höhepunkt melodisch schuldig ist. So geht es in vielen Opern zu, genau aus diesem Grunde aber nicht in „Pelléas et Mélisande". Nach einem minimalen Crescendo verstummt hier das Orchester, damit der lyrische Tenor, ohne die Stimme zu heben, sein „Je t'aime" singen kann. Er singt es so tonlos, so rasch und so leise, daß der Sopran zu verstehen wäre, wenn er etwas im Sinne von „Wie bitte?" erwidern würde. Doch schlagfertig, das heißt im selben Takt, entgegnet Mélisande nicht weniger tonlos, rasch und leise „Je t'aime aussi", worauf Maurice Maeterlinck eine für Claude Debussy unerhörte Konzession an den Publikumsgeschmack macht. Pelléas darf sich an ihrem Eingeständnis weiden. Allerdings behauptet er, ihre Stimme komme vom Ende der Welt. Nie würde das zarte Organ eine solche Strecke zurücklegen. Ein Hammer aber ist es, was dieses Organ von sich gibt, wenn erstes und zweites Fagott äußerst dezent ganz wenige Noten spielen, die Klarinette einen nahezu unhörbaren Ton beisteuert und die Bratschen zweimal still gezupft werden. Die junge Frau erklärt, sie lüge nie, sie lüge höchstens seinen Bruder an. Der ist kein anderer als ihr Ehemann Golaud, der nicht angelogen werden möchte, geschehe es auch noch so leise.

Einen völlig ruhigen Abend hat der Opernbesucher dennoch nicht. Golaud betritt die nächtliche Szene im Park und erreicht damit nur, daß die Liebenden laut werden, daß sie und die Instrumente ihre Zurückhaltung aufgeben. Wenn Pelléas „Ta bouche, ta bouche" begehrt, ist plötzlich die Romantik da, denn das Paar küßt sich hingebungsvoll, worauf das Orchester immerhin 14 Takte lang mit einem Fortissimo aufwartet. Golaud streckt Pelléas mit seinem Schwert nieder, Mélisande entflieht, und Debussy sagt Punktum. Er setzt tatsächlich, ähnlich wie in „La mer", am Ende dieses vorletzten Aktes einen Schlußpunkt. Nach einer kurzen Generalpause intonieren die tiefen Instrumente eine Achtelnote, intonieren sie kräftig und nach dem ausdrücklichen Wunsch des Komponisten „sec", also trocken, nicht larmoyant.

Was denkt sich da der ideale Zuhörer? Zuerst denkt er: Tja. So geht's. Dann erinnert er sich an eine Merkwürdigkeit der Liebesszene. Pelléas raunt Mélisande zu, der im Hintergrund lauernde Gatte werde sie beide töten. Doch zur Antwort bekommt er ein jauchzendes „Tant mieux", das auf seine zweite Warnung hin auch noch wiederholt wird. Und schon stößt der Zuhörer im Geiste auf Wagner. Ist „Er wird uns töten! Umso besser!" nicht die französische Quintessenz von „Tristan und Isolde"? Von der höfischen Gesellschaft des Mittelalters bis zum ewigen Thema der verbotenen Liebe finden sich in beiden Opern viele Parallelen, die musikalisch nicht zu ziehen Claude Debussys ganzer Ehrgeiz ist. Den Wagnerianern will er es zeigen. Er war ja früher selber einer, doch jetzt will er weg von ihnen, nichts wie weg, und aller Welt beweisen, wie der leidenschaftlichste Stoff zu vertonen ist – eben nicht mit glutvollem Temperament, sondern mit Delikatesse.

Am Text gefiel ihm schon, daß Mélisande ein ganz anderer Typ ist als Isolde, obwohl auch sie den Mann, den sie lieben soll, nicht liebt, wohl aber den, der sie meiden müßte. Maeterlincks Primadonna ist ein scheues Reh und ihr erster Bühnensatz die für sie charakteristische Bitte, sie nicht zu berühren. Der Mensch, der das möchte, ist ihr späterer Gemahl, Golaud, des Königs Enkel, der nach sechs Monaten Ehe von sich behaupten kann, über seine Frau nicht mehr zu wissen als bei jener ersten Begegnung. Während bei Wagner das Frauenhaar keine Rolle spielt, ist es bei Maeterlinck länger als die Frau selbst. Bei Mélisande muß jeder liebende Mann Angst haben, daß sie sich zu weit nach vorne neigt, sei es über einen Brunnenrand, sei es aus dem Fenster. Die blühende Isolde hat kein Kind, ihr fragiles französisches Gegenstück aber eine kleine Tochter, der im fünften Akt die letzten Töne der Mutter gelten. Auch diese stirbt eine Art Liebestod, doch nicht triumphierend, nicht unter stürmischer Anteilnahme eines gewaltigen Orchesters, sondern einsilbig und schließlich sogar unauffällig. Bei Wagner werden jene, die auf der Bühne geblieben sind, zu Statisten, sobald Isolde die Große ihren Abschied von der Welt nimmt. An Mélisandes Sterbebett stehen scharf gezeichnete Figuren: Golaud, der herrische Verlierer, der weise König Arkel und ein guter Arzt.

Zur Liebesgeschichte dieses zarten Geschöpfes schreibt Debussy eine Musik, an die sich der Operngänger erst gewöhnen muß. Denn in der Güteklasse dieses Komponisten ist ein solches Werk weder vorher noch nachher geschaffen worden. Gewöhnung bedarf der Zeit und diese der richtigen Einteilung. Dauernd faßt Debussy sich kurz. Stückeln möge deshalb auch der hörende Anfänger, der Besitzer eines CD-Geräts. Lieber einen Einfall zwanzigmal in sich aufzunehmen als zwanzig Einfälle hintereinander! Auf diese Weise erschließt sich zum Beispiel die Schönheit eines Requiems, das ein paar Sekunden dauert. Der Baß des Königs, sanft begleitet, besingt die schweigsame Menschenseele, die es liebt, ganz allein davonzugehen. So erschließt sich auch ein Rhythmus, der nur ein bestimmter Rhythmus, ein Intervall, das nur dieses Intervall, ein Klang, der nur er selbst sein möchte. Schließlich ruft der Zauber des Pianissimo den Wunsch hervor, alle Hintergrundmusik unseres öffentlichen Lebens möge so leise sein wie die meisten Stellen in Debussys eigen- und einzigartiger Oper.

Der Körperschmerz der Wandtapete

*M*aurice Ravel konnte sich denken, wie kleinen Kindern zumute ist, denn er selbst war klein von Gestalt, nicht ganz eins sechzig. Schaute er geradeaus, sah er anderen Männern nicht ins Auge, sondern auf den Adamsapfel, vielleicht sogar auf einen Westen-knopf. Zu einigen Frauen mußte er aufblicken, wohl wissend, daß sie das nicht gerne haben. Kinderköpfe bewegen sich zwischen ausgebeulten Hosenbeinen und nichtssagenden Röcken. Ravel verstand, daß Kinder böse werden können. Sein Enfant, ein Knabe vor dem Stimmbruch und daher die Rolle einer Sopranistin, ist stolz darauf, böse zu sein, so böse, daß er nicht nur seine Umgebung, sondern auch die französische Sprache malträtiert. „Méchant", jubelt er, „méchant" sei er, jawohl. Dabei betont er regelwidrig die erste Silbe „mé", so unbändig ist sein Triumphgefühl.

Gleich anderen Sopranen der Opernliteratur teilt das Kind seine Wünsche dem Publikum mit. Es will nicht lieben und geliebt werden, sondern den Kater am Schwanz ziehen und den Schwanz des Eichhörnchens abschneiden. Außerdem möchte es, daß Mama nachsit-zen muß. Da bleibt ihm zwar der Schnabel sauber, doch wird der Kater programmgemäß geärgert und das Eichhörnchen mit einer eisernen Schreibfeder gesto-chen. (Achtung, Deutebolde! Verbirgt sich hinter der Erwähnung des schmerzhaften Stiches ein Lob auf das

Analphabetentum, das spitzer Federn nicht bedarf? Nein, es wäre nicht im Sinn der Librettistin, der Colette.) Später kommt heraus, daß eine Libelle mit der Nadel an die Wand gespießt und eine Fledermaus mit dem Stock erschlagen wurde. Wenn das Kind zu bereuen beginnt, wird es seine Missetaten nach Art der Erwachsenen beschönigen und zum Beispiel erklären, es habe das Eichhörnchen nur deshalb in einen Käfig gesperrt, um dessen schöne Augen besser beobachten zu können. Das Eichhörnchen jedoch wird erwidern, daß seine ach so schönen Augen lieber den freien Himmel gesehen, den freien Wind verspürt und die freien Artgenossen beobachtet hätten. Das alles im nostalgischen Walzerrhythmus.

Sich selbst halten die Menschen für schmerzempfindlich. Auch an der Leidensfähigkeit der Tiere zweifeln sie gewöhnlich nicht. Zur Artikulierung kreatürlichen Schmerzes verwendet Ravel Glissandi und hat allen Grund, es häufig zu tun. Für die Katzen komponiert er Katzenmusik – als realistische Phonetik wie als Ausdruck dessen, was von den Freunden der Schönheit, der Harmonie und der Konsonanz schon immer befürchtet worden war. Daß in der Welt der Pflanzen Qualen verursacht werden können, glauben die Menschen schon weniger. Gerade deshalb stöhnt der Baß des Baumes über die Blessuren, die seinem Stamm durch ein – natürlich gestohlenes – Messer beigebracht wurden. Ganz und gar nicht aber halten es die Menschen für möglich, daß sie auch den Gegenständen weh tun können. Oder sind sie sich da in Wahrheit gar nicht so sicher? Dann sollen sie eine Vorstellung von „L'Enfant et les sortilèges" besuchen.

Lehnstuhl und Polstersessel beschweren sich nicht über ein in ihnen lümmelndes, sondern über ein sie mit Füßen tretendes Kind. Wie ernst der Komponist die Klage nimmt, zeigt seine Anweisung, der im Orchester plazierte Flügel habe, damit er wie ein Clavecin klinge, ein Luthéal zu sein. Was macht nun ein armes deutsches Opernhaus, das ohne weiteres vier Hammerklaviere herbeischaffen könnte, vielleicht sogar einen Steinway, nicht aber einen Luthéal? Es spanne, rät der Komponist, über die benötigten Saiten Papier, einfach Papier. Ein großer Geist wie der kleine Ravel ist schließlich kein Pedant. Deshalb erklärt er außerdem, es sei ihm egal, ob die kleine Trommel geschlagen werde oder das Tamburin, erklärt es viele Jahrzehnte vor der Herausgabe eines deutschen Instrumentenlexikons, das die Verwechslung beider Instrumente durch berühmte Dirigenten tadelnd aufgreift. Die Trommel markiert den Rhythmus einer Stadtpfeifermusik, zu der Schäfer und Schäferinnen sich gegenseitig kondolieren, weil sie eine Wandtapete verzierten, die vom bösen Kind zerfetzt worden ist.

Foxtrott tanzen eine englische Teekanne und eine chinesische Teetasse, denn getanzt wird auf dem Boden, und dorthin sind die beiden geschmissen worden. Die Standuhr, der das kleine Rabenaas das Pendel ausgerissen hat, verspürt keinen Bewegungsdrang, sondern nur Schmerz und Schmach. Erwachsene, die ihr Sachbeschädigungen mißbilligt – habt ihr nicht trotzdem Verständnis für die Demolierung von Mathematikbüchern? Dann dürft ihr euch nicht wundern, wenn die Zahlen sich selbständig machen, hysterisch hopsen und im Chor infernalisch kreischen. Und wer Schulbücher zerreißt, ruiniert auch sein Märchenbuch, dessen Überbleibseln die Prinzessin entsteigt, eigentlich ein Liebling des Kindes, doch jetzt ein heimatloses Geschöpf, das die Hände ringt, die Unwiderruflichkeit besingt und plötzlich vom Erdboden verschluckt wird.

Allmählich kommt das Kind zur Besinnung, dann zur Einsicht und schließlich zur Ruhe. Es macht seinen Frieden mit der Mama und die Tiere den ihren mit ihm. Alles ist gut, wenn der Vorhang fällt, denn zumindest in den letzten zehn Minuten wurde nichts zertrümmert. Allen Wunden, Fetzen und Scherben wird eine Träne nachgeweint, doch mitnichten das Käsereibeisen bedauert, an dem, weil es zum Schlagzeug zählt, gelegentlich ein Triangel-Stab kratzen soll. Monsieur Ravel, dürfen wir Musiker diesen Mißbrauch abstellen? Nun, wenn Sie meinen.

Sechs Minuten Sex

*D*as menschliche Leben ist kurz. Es währt nicht einmal eine Million Stunden. Wer das für eine Untertreibung hält, braucht bloß 365 mit 24 zu multiplizieren und an das Ergebnis zwei Nullen anzuhängen, um glasklar zu erkennen, daß selbst Hundertjährige von der Million noch weit entfernt sind. Von ihrer kostbaren Zeit opfern Opernfreunde viel. Romane lassen sich diagonal lesen, Ölgemälde in fünf Sekunden betrachten, doch Adagio-Melodien nicht schneller hören, als sie komponiert sind. Ravels „L'heure espagnole" dauert bestimmt nicht länger als 60 Minuten, doch wollen auch diese genutzt sein, zumal sie nur donnerstags verstreichen. An diesem Tag hat der Uhrmachermeister Torquemada die Rathausuhr aufzuziehen und somit wohl oder übel, aber pünktlich, sein Uhrengeschäft zu verlassen, sein Haus und die Hausfrau. Diese nutzt, wie es auf deutsch so einfühlsam heißt, die Gunst der Stunde. Sie sehnt sich danach, mit einem jüngeren Mann ein Stündchen zu verbringen, ein Schäferstündchen.

Concepción, so der Name des Soprans, möchte rasch zur Sache kommen, findet sie doch, daß die Zeit dränge. Gonzalve aber, der Liebhaber, möchte sich von seiner besten Seite zeigen, und die ist eine stimmliche. Singend verschwendet er wertvolle Minuten, denn er hat einen schönen Tenor, einen viel zu schönen für die im Moment an Musik nicht interessierte Frau, einen zu schönen sogar für Maurice Ravel. Der neigt nämlich zu melodischer Kargheit, wenn nicht zum Parlando, und erfindet nur deshalb ein paar schmachtende Kantilenen, damit sie in ihrer akustischen Umgebung auf den Zuhörer so erheiternd wirken wie niederschmetternd auf Concepción. Diese verdrießt der aus der Philosophie bekannte Zusammenhang von Zeit und Raum, von wertvoller spanischer Stunde und einem der Öffentlichkeit zugänglichen Uhrmacherladen. Der Tenor muß sich verstecken und das Versteck von einem Bariton in das obere Stockwerk verfrachtet werden. Dabei wird die Dekoration einer für Opern ungewöhnlichen Bewährungsprobe ausgesetzt.

Glauben wir dem Librettisten Franc-Nohain, dann existierten im Spanien des 18. Jahrhunderts wohnzimmertaugliche Standuhren, und zwar so große, daß ein Mannsbild in das Gehäuse schlüpfen konnte, ohne dort bis zur totalen Dämpfung der Libido zusammengepreßt zu werden. Das Möbelstück nun, das herbeizuschaffen der Inszenierung obliegt, muß so gezimmert sein, daß der Tenor es nicht nur vor aller Augen betreten, sondern auch von diesen Augen unbemerkt verlassen kann. Denn ein Bariton, der eine Standuhrattrappe gerade noch zu schleppen vermag, würde in die Knie gehen und nicht in ein höher gelegenes Schlafzimmer, hätte er einen stabilen Behälter zu schultern, in dem auch noch ein Kollege steckt. Ramiro nämlich, ein Maultiertreiber und durchaus bei Kräften, ist der nicht unattraktiven Concepción gern zu Diensten und transportiert die unerklärlich schwere Uhr nach oben. Das Schäferstündchen mit Gonzalve verdient mittlerweile seinen Diminutiv, denn es ist geschrumpft auf eine Dreiviertelstunde höchstens.

Zeit ist nicht Geld, sondern Lust. Vier Minuten lang – unten singt gerade ein Kunde, dem sich der Maultiertreiber zugesellt – kann der Zuschauer seine Phantasie schweifen lassen. Ist er ein ordentlicher Sohn des beginnenden 20. Jahrhunderts, wird er verstehen, daß auch bei moderner, impressionistischer Musik die guten Sitten für die Schaubühne immer noch gut genug sind und er nicht sehen soll, wie das Liebespaar es treibt. Dabei könnte er, wie sich herausstellen wird, es ohne weiteres sehen. Einer baldigen Sopran-Passage nach zu schließen, packt Gonzalve die Gelegenheit wieder nicht beim Schopf, sondern trällert und trällert. Ramiro wird gebeten, die seltsam schwere Uhr zurück in den Laden zu bringen, womit seine Liebesdienste noch nicht zu Ende sind. Alsbald hat er eine zweite große Standuhr, ein zweites Problem für die Inszenierung und für das Publikum ein zweites Möbelstück mit Inhalt, ins Schlafzimmer zu befördern. Der Inhalt, jener Kunde, ein vornehmer Lüstling, ist kaum nach dem Geschmack der Frau, doch besser als nichts. Es bleibt ihr noch eine halbe Stunde.

In Wirklichkeit ist der Typ schlechter als nichts, nämlich so dick, daß er aus dem Gehäuse nicht herauskommt und der Ordnung halber wieder auf die Bühne verfrachtet wird. Concepción bedenkt jetzt zweierlei: die Körperkraft des Maultiertreibers und das Gebot der Stunde. Abgebrühte Theaterbesucher werden natürlich behaupten, sie hätten das geahnt, es habe so kommen müssen, das Lustspiel, zumal das französische, folge ehernen Gesetzen. Wer so daherredet, soll lieber erklären, wieviel Zeit der Sopran und der Bariton noch haben. Allen Uhren zufolge bleiben für die unsichtbare Schlafzimmerszene noch gute zwanzig Minuten. Falsch gerechnet, denn der Uhrmacher kehrt vor Ablauf der spanischen Stunde auf die Bühne zurück und möchte hier auch seine Frau sehen. Da ist sie auch schon und hatte, wenn die Zeiger nicht trügen, höchstens sechs Minuten Sex. Es sind aber alle sehr lustig und intonieren eine Habanera, zumal die Oper ein wahres, weil geschäftliches Happy-End hat. Der dicke Lüstling und der tenorale Nichtlüstling kaufen jeweils die Standuhr, in der sie noch stecken, was ihr Interesse an den Hohlräumen vollauf erklärt.

Ach ja, die Zeit. Gut, wenn vor der kurzen spanischen Stunde das deutsche Publikum viele lange Französischstunden genommen hat. Ravels musikalische Feinheiten sind vom Wort bestimmt wie das Liebesleben seiner Heldin vom Arbeitsrhythmus ihres Gemahls.

Ein Mann? Nein, was Kleineres

Raucher, auch Raucherinnen, sind toleranter als Nichtraucher. Gräfin Susanna, zwanzig Jahre alt und damit jünger als die sie verkörpernden Soprane, hat nichts dagegen, daß Graf Gil, ihr zehn Jahre älterer Mann, Zigaretten verschmäht. Ob sie hübsch ist, steht nirgends, doch betritt sie die Bühne, die ein eleganter Salon mit einem eleganten Lampenschirm zu sein hat, unter einem rosa Seidenhut. An der Erwähnung des Lampenschirms und des Seidenhuts im Textbuch sollen Regisseure erkennen, daß Susanna nicht nur im Piemont und zu Beginn des 20. Jahrhunderts, sondern auch im Luxus lebt. Offenbar hat sie noch keine Kinder, nicht einmal einen Hund, wohl aber einen Diener, der Sante heißt, was halb nach Dante und halb nach Santo, also nach dem heiligen Antonius von Padua klingt. Dieser gute Geist ist so alt wie die Eheleute zusammengenommen, nämlich 50, und eine stumme Rolle. Wortlos steckt er seiner Herrin ein Päckchen Zigaretten zu, denn Susanna kann zwar heimlich rauchen, als namhafte Dame der piemontesischen Gesellschaft aber nicht irgendwo heimlich Glimmstengel kaufen. Ebenso wortlos gibt sich Sante seinem Herrn als Bruder Nichtraucher zu erkennen, wie er auch wortlos lügt, indem er so tut, als stamme der in den Draperien hängende Rauch niemals von Susanna.

Kurz nach Beginn der Oper will Gil seine Frau küssen. Zu diesem Zwecke muß er an sie herantreten, wobei seine feine Nase in die Nähe ihrer feinen Kleider kommt und das Laster wittert. Gil verdächtigt seine Frau des Ehebruchs mit einem Raucher und entwickelt sich rasch zu einem baritonalen Otello. Das Libretto regt an, daß er, rasend vor Eifersucht, Bücher und Nippes demoliere, Tassen und Schalen zertrümmere. Dabei fühlt Gil die Schwäche seiner Position und flüchtet sich, ein ganz schlechtes Zeichen, in die Selbstironie. Er, der im Haus nach dem versteckten Nebenbuhler fahndet, sagt plötzlich voller Bitterkeit, er suche seinen Regenschirm. Da sei er doch, meint Susanna. Wer?

Für dieses dröhnende „Chi?" des Gatten, der momentan Feind und Schirm durcheinanderbringt, schreibt Ermanno Wolf-Ferrari, der Komponist, ein „ffff" vor. Selten in der Operngeschichte hat ein Bariton so laut zu singen. Wer sei da? Der Regenschirm natürlich, flötet Susanna. Worauf auch dieses Requisit mißhandelt wird, Gil davonstürmt, wiederkehrt und sich die Finger verbrennt, diesmal im wörtlichen Sinn, an einem Gegenstand, der kleiner ist als ein Mann und noch kleiner als ein Schirm, an Susannas Geheimnis, ihrer brennenden Zigarette. Und siehe da: Die Ehe erweist sich als gut. Gil verspricht der Gemahlin, ebenfalls zu rauchen. Die beiden empfinden auch sozial, denn künftig darf sogar Sante Rauch in den Salon blasen. Happy-End.

Um 1909, dem Jahr der Uraufführung, hatten vornehme Raucherinnen einen doppelten Genuß. Sie inhalierten und überlegten dabei, wie wunderbar ungehörig es doch sei, sich wie die Männer zu benehmen. In

Europa wurde damals erzählt, der Rauch verfärbe die Fingernägel, weshalb die wie die Schlote rauchenden, jedoch einen Rest von Scham besitzenden Amerikanerinnen tiefroten Nagellack extensiv verwendeten. Enrico Caruso, dem berühmtesten Tenor, wurden damals nicht irgendwelche Weibergeschichten nachgesagt, sondern die Angewohnheit, nervös zu sein und vor jedem Auftritt hinter den Kulissen zu paffen, mit einem einsatzbereiten Feuerwehrmann neben sich, wie er für weniger namhafte Sänger nie und nimmer engagiert worden wäre. Da Bühnenbauten vornehmlich aus leicht entzündbarem Material bestanden und trotz Caruso jedes Opernpublikum glaubte, Zigarettenrauch sei der Tod einer gepflegten Stimme, war die im Rampenlicht qualmende Susanna die Sensation, die Wolf-Ferrari gut gebrauchen konnte.

Seine graziöse und charmante, die Dunstgirlanden nachzeichnende Musik büßte an Reiz, die Zigarette aber an Schockwirkung ein, als neue Generationen von Rauchern und Opernfreunden ins Theater gingen. Aus dem Herzen wird ihnen ein Opernführer gesprochen haben, der 1957 behauptete, die von Enrico Golisciani ersonnene Handlung sei „bestürzend geringfügig". Mittlerweile aber haben wir es schon wieder mit weiteren Generationen von Nichtrauchern und Opernliebhabern zu tun, denen sich vielleicht die Haare sträuben, wenn zu wohlwollenden Kommentaren des Orchesters nicht nur Susanna ihrer Leidenschaft treu bleibt, sondern auch Gil einer solchen Person, und diese außer dem Ehemann auch noch den Diener verführt, aber

nicht zum Sex, sondern zum Tabak. Seiner Unver-
schämtheiten wegen sollte „Il segreto di Susanna" wieder mehr aufgeführt werden. Im Programm müßte stehen, welche Sponsoren Zigarettenhersteller sind, und
auf den Eintrittskarten, daß der Bundesgesundheitsmi-
nister Rauchen für gefährlich hält.

Ein sehr ernster Mensch, Nichtraucher und Hagestolz, könnte sich eine Eintrittskarte gekauft haben und
gegen Schluß des Einakters die Ohren und den Geist
spitzen. „Tutto è fumo a questo mondo" singt das Ehepaar in seinem Glück – Alles ist Rauch auf dieser Welt.
Haben die beiden nicht recht, obwohl sie, eben weil sie
glücklich sind, gar nicht recht haben wollen? Ja, alles
ist Schall und Rauch und damit die Zigarettenrauch-
wolke ein modernes Symbol der Vergänglichkeit. Doch
sicher haben schon die Kirchenväter ähnlich gedacht.
Die beiden auf der Bühne jauchzen außerdem, die Liebe,
die aufrichtige, tiefe Liebe rauche und rauche ohne
Unterlaß. Wie richtig, wie doppeldeutig, denkt sich der
Nichtraucher und Hagestolz und spendet als ernster
Mensch sparsam Beifall.

Ihr geht es so gut, daß er leidet

Zweifellos liebt Manon Lescaut, eine Schönheit im königlichen Frankreich, ihren Des Grieux wie nur je ein Sopran einen Tenor. Zweifellos? Taucht dieses Wort auf, regt sich der Zweifel eben doch. Bei aller Innigkeit und Aufrichtigkeit ist die Liebe zu dem herzensguten Kavalier nur Manons zweitgrößte Leidenschaft, die größte aber ein Leben im Luxus. Der Opernbesucher wird sich fragen, was auch die Beauty bedenkt, ob nämlich beide Leidenschaften sich nicht aufs angenehmste miteinander verbinden ließen. Von Haus aus ist Des Grieux nicht eben arm, doch so steinreich nun auch wieder nicht, daß er über längere Zeit finanziell mithalten könnte, wenn seine Freundin auf Erfüllung ihrer Wünsche pocht. Würde sie nur dann und wann schick ausgehen wollen, in Kleidern, die er bezahlt hat, und mit zwei Liebesbeweisen aus Diamant, hielten seine Schwierigkeiten sich in Grenzen. Manon legt aber nicht nur auf kostspieligen Zeitvertreib, auf Garderobe und Geschmeide Wert, sondern auch auf wohnliche Zimmerfluchten, erlesen eingerichtet, nicht zu vergessen die unentbehrlichen Lakaien und andere dienstbare Geister. Die Zahl der Männer, die das und ein Fixum pro Jahr ihrer Geliebten bieten können, ist selbst in Paris nicht sehr hoch, weshalb Manon nicht wählerisch sein darf, sobald ein Krösus sich ihr nähert.

Des Grieux wiederum irrt sich weder in Manon noch in sich selbst, wenn er frühzeitig erkennt, daß er sich von diesem einzigartigen, begehrenswerten und weitere huldvolle Adjektive verdienenden Geschöpf finanziell und moralisch ruinieren lassen werde. Diese Frau bringt ihn auf den Hund und, sobald er dort ist, auf den richtigen Gedanken, daß der pekuniären Demütigung erotische Demütigungen notgedrungen folgen müssen, weil er nur seiner Mittellosigkeit wegen in aller Offenheit und Öffentlichkeit von Manon betrogen wird. Da zwischen beiden Personen Klarheit herrscht, mag sich der Opernfreund fragen, wie glaubhaft eine Liebe sei, deren Unverwüstlichkeit gewöhnliches Menschen- und Männermaß derart übersteige. Giacomo Puccini gibt eine überzeugende, weil wohlklingende, Abbé Prévost mit der literarischen Quelle, dem Roman „Manon Lescaut", die authentische Antwort. Wer dieses Meisterwerk eines einstigen Jesuiten und Benediktiners, eine Ich-Erzählung, genießt und deshalb verschlingt, erfährt viel über zwei menschliche Ausnahmeerscheinungen, über Prostitution auf gediegenstem Niveau und über einen Weltrekord an seelischer Opferbereitschaft. Passen das Weib und ihr Dulder nicht ganz gut zusammen?

Genau dieser Meinung möchten Puccinis Librettisten sein. Viele Köche, mit Raffungen und Formulierungen beschäftigt, verderben nicht den Brei, versüßen ihn aber. Sie lassen der Titelfigur die beiden genannten Leidenschaften, stufen jedoch die größere, die Geldverschwendung, zur kleineren herunter. Von vier Akten spielt nur einer, der zweite, im Luxus, der erste hingegen in der Normalität und die beiden letzten im Elend. Was dabei herauskommt, ist eine halbsouveräne Kurtisane voller Wärme und ohne Kälte. Puccinis Manon käme kaum auf die Romanidee, ihrem verzweifelten Ritter zu raten, es doch ähnlich zu machen wie sie und mit seinem netten Gesicht und seiner guten Figur älteren reichen Damen gefällig zu sein. Auch tritt keine blutjunge und bildhübsche Koloratursopranistin auf, die von sich behaupten darf, die gerade erwerbstätige Manon schicke sie als Ersatzliebchen zu Des Grieux. Die Librettisten können hier einwenden, bestimmte Charakterlosigkeiten nicht verschwiegen zu haben, zum Beispiel den Broterwerb des Kavaliers durch Falschspiel. Auch werde die Putzsucht der Titelheldin zu Beginn des Luxus-Aktes hinreichend gewürdigt. Schon recht. Puccini geht darüber verhältnismäßig schnell hinweg, besonders schnell über eine Stelle, die typisch ist für die zweigeteilte Manon. Sie trägt zwei Schönheitspflästerchen auf, eines neben dem Auge, eines neben den Lippen, und nennt das obere Mörder, das untere Lüstling.

Da in der Oper die Musik den Ausschlag gibt, hängt Manons Leumund von der Arie ab, die sie alsbald anstimmt – ein Leckerbissen für Primadonnen. Genießt sie jetzt den sie umgebenden Prunk? Der Prévost-Leser traut seinen Ohren nicht, wenn die Sängerin sich über die feinen Spitzen beklagt, die sie trägt, sowie über die Eiseskälte, die nicht etwa ihr selbst, sondern bloß dem aufwendigen Interieur innewohne. Nun gut, etwas ähnliches hat, damit Des Grieux getröstet werde, auch der Romanautor seiner Heldin in den Mund gelegt, doch im Moment steht keiner auf der Bühne, der aus Mitleid angeschwindelt werden müßte. Aber schon hat der Leser den Autor vergessen und ist nur noch ein seinen Ohren trauender Hörer. Selten ist Puccini, privat ein gutaussehender Mann und großer Casanova, so überwältigend wie in den Augenblicken, in denen er süße arme Luder schildert, zart und zierlich, doch begabt mit der Riesenkraft der Liebe. Die berühmten Schwestern im Geiste, die Mimì aus der „Bohème", die Liù aus der „Turandot", kündigen sich an, wenn Manon, das Stück verfälschend, ein verzagtes Vöglein im goldenen Käfig mimt. Sie brauchte ja nur zu gehen, auf und davon, womit allerdings die Oper schon im zweiten Akt zu Ende wäre.

Sie endet in einer amerikanischen Einöde, wo Des Grieux endlich Oberwasser bekommt. Die sterbende Manon ist auf ihn angewiesen, eindeutig nur auf ihn, und liebt ihn deshalb ehrlich wie je, doch abgöttisch wie noch nie. Nach dem letzten Vorhang wird er sich fassen. Trauer ist schöner als ewiger Liebeskummer und die Aussicht auf die Niederschrift herzzerreißender Erlebnisse so animierend wie die auf geordnete Finanzen.

Möge die Kälte ewig sein

Armut kann charmant sein – und sei sie auch so bitter, daß im Winter der Poet sein Manuskript in Flammen setzt, damit diese ihn ein wenig wärmen. Gottlob ist Rudolfo kreuzfidel, vor allem jung und ein Publikumsliebling von der ersten Kantilene an, die seinem Wohnsitz gilt, der anderweitig mit tausend Heizungen gesegneten Stadt Paris. Das verbrannte Theaterstück wird nicht schlecht gewesen sein, doch werden ihm weitaus bessere folgen, denn hochbegabte Anfänger wie er und seine Freunde, der Maler, der Musiker und der Philosoph, haben noch viel Zeit im Leben. Nicht auszudenken, was wäre, wenn dieselben Junggesellen, alt geworden und arm geblieben, dann immer noch in einer solchen Mansarde hausten. Genau dieser Gedanke aber darf nicht aufkommen im ersten Akt von „La bohème", der in flottem Tempo fortissimo beginnt, im quirligen Dreiachteltakt und einer ruppigen, durchsetzungskräftigen Figur in den Orchesterbässen. Es wäre ja gelacht, wenn nicht demnächst eine hübsche Frau, mindestens eine, sich Hals über Kopf in den Poeten verliebte. Eigentlich brauchte sie nur an die schäbige Tür zu klopfen und einzutreten. Und siehe da, es klopft.

Allerdings kommt nicht die Königin von Saba herein. Mimì, die einen Namen von elementarer Einfachheit trägt, ist Seidenstickerin, ist arm und einsam. Regisseure, laßt sie nicht schüchtern sein, wohl aber einfühlsam und rücksichtsvoll! Aus freiem Herzen verliebt sie sich sofort in Rudolfo, zumal er mit seinem Tenor eine der innigsten Arien singt: „Che gelida manina". Es ist ein Glücksfall, daß die berühmte Übersetzung den Rhythmus, den Ton und den Inhalt des italienischen Ausrufs haargenau trifft, denn Giuseppe Giacosa und Luigi Illica hätten, wären sie Deutsche gewesen, nichts anderes geschrieben als „Wie eiskalt ist dies Händchen". Doch nicht in der deutschen Klassik lebt Rudolfo, sondern szenisch im Fin de siècle und musikalisch im Verismus, weshalb seine Arie ihre Glanzmelodie nicht am Anfang hat, sondern erst in der zweiten Hälfte, als Krönung einer von Zartgefühl bestimmten emotionellen Steigerung.

Mit einer ähnlich angelegten, noch innigeren Arie antwortet ihm Mimì. Ihr Hauptthema ist schmerzlich, eine sich langsam senkende Tonfolge, die sehr langsam, sehr gehalten und aus tiefster Seele vorzutragen Giacomo Puccini die Interpretin beschwört. Wohl schließt so etwas wie ein Triumphgefühl, zu singen mit „expandierender" Stimme, die Tonfolge ab, doch rasch verebbt es, als sei für seelische Erfüllungen die Welt nicht geschaffen. Nur insofern ist sie dafür geschaffen, als ein Komponist zu sich selbst gefunden hat. Hier ist der Typ, den er schildert wie kein zweiter, sein Frauentyp, der zarte und klare, der zärtliche und schon auf Erden verklärte Charakter, dem das Glück durchaus beschieden ist, aber nur für eine grausam kurze Frist.

Und nun, verehrte Spötter, ergreifen Sie ruhig das Wort! Legen Sie in das Substantiv „Rührstück" allen verfügbaren Hohn und überhäufen Sie mit diesem das angebliche Raffinement der kleinen Seidenstickerin. Oder nennen Sie es kleinbürgerliche Generalstabsarbeit. Mimì schleicht sich bei fremden Leuten ein, in der Hand eine Leuchte, die sie auch selber anzünden könnte, die aber ein junger Mann anzünden soll, und verliert dann noch ihren Schlüssel, bloß damit sie und der Jüngling auf allen vieren herumkriechen können und seine warme Hand fahrplanmäßig mit ihrer eiskalten zusammenstößt. Richtig, verehrte Spötter, so wird es wohl gewesen sein. Auch der Ohnmachtsanfall ist nicht von schlechten Eltern, denn ohnmächtige Frauen müssen nun einmal angefaßt, wenn nicht gebettet werden, worauf Gelegenheit besteht zu vielen Zuwendungen, aufmerksamen und allzu aufmerksamen. Aber stirbt die weibliche Hauptfigur nicht tatsächlich im vierten Akt an Schwindsucht, der Arme-Leute-Krankheit um 1900? Vor allem aber: Wieso darf ein liebenswertes Geschöpf nicht raffiniert sein?

Allemal stärker als ihr Raffinement ist ihre Einsicht in die Gesetzmäßigkeiten der Bohème. Mit momentaner Seligkeit verträgt sich diese hervorragend, mit dauerhafter aber überhaupt nicht. Herrlich die paar Minuten am Ende des ersten Aktes, in denen sich Sopran und Tenor zur Schönheit des Augenblicks vereinigen. Herrlich der Trubel des zweiten Aktes, wenn ein ganzes Opernensemble dem Liebespaar ein bißchen Gesellschaft leistet. Im dritten aber ist er immer noch arm und sie immer noch arm und krank. Die heutige Oberflächlichkeit „Wir gehen auseinander, bleiben aber gute

Freunde" trägt sie nicht vor, wohl aber den Wunsch nach endgültiger Trennung, nach Schicksalsergebenheit bei einem Minimum an Groll. Puccini ist ganz und gar Puccini, wenn er diese seine sich selbst verleugnende Mimì mit leidenschaftlicher und sehnsuchtsvoller Musik Lügen straft. Um aber das Quartett aller Opernquartette zu schreiben, mußte er sich selbst übertreffen, mußte er das Kunststück fertigbringen, Seelenqual und Albernheit in Einklang zu bringen. Während der Maler und seine derzeitige Liebste sich necken, vom geringen Tiefgang ihrer Gefühle hell begeistert, wissen Rudolfo und Mimì, daß es um Leben und Tod geht. Sie geben sich eine Galgenfrist: Den Winter, den schrecklichen Winter über wollen sie noch zusammenbleiben, im Frühling aber einander Lebewohl sagen. Da singt das Mädchen mit dem eiskalten Händchen, die todkranke, in ihrer Dürftigkeit immerzu frierende Mimí, sie wollte, der Winter dauere ewig. „Vorrei che eterno durasse il verno." In ruhigem Ges-dur erklingt die ergreifendste Liebeserklärung, die je einem Sopran gegönnt worden ist.

Neun Soprane fragen dasselbe

Wenn Baron Scarpia nun schon einmal Polizeichef von Rom ist, möchte er auch etwas davon haben, zum Beispiel die Zärtlichkeiten der berühmten Sängerin Floria Tosca. Deren Geliebter, der Maler Cavaradossi, könnte durchaus hingerichtet werden, denn er hat einen politischen Flüchtling beherbergt und außerdem die reine Wahrheit gesagt, indem er Scarpia mit „Henkersknecht" anredete. Es ist ein später Abend des Jahres 1800, an dem der Gewaltmensch zur Sache kommt. Im Palazzo Farnese, wo er es sich mit Tosca gemütlich machen möchte, wo er ihr gleich ein Glas Wein einschenken wird, schwindelt sein Bariton, es liege in ihrer Hand, was mit Cavaradossi geschehen werde. Alsbald fragt Tosca: „Quanto?" – ein Wort, das Scarpia wiederholt, weil er den Sinn nicht gleich begreift. Die knappe Erklärung aber, „il prezzo", der Preis, versteht der Schurke auf Anhieb. Gutgelaunt und sehr melodisch gibt er zu, bestechlich zu sein, fordert aber diesmal keine Summe, sondern die Liebe der berühmten Diva.

Mehr als anderthalb Jahrhunderte später ist Floriana Cavalli an der Wiener Staatsoper so erledigt, daß sie das „Quanto" mehr haucht als singt. Unsereins wäre ebenso erschöpft, denn es ist nicht leicht, den Anblick zu verkraften, den wenige Minuten zuvor der blutende, mit Nägeln gefolterte Kopf des Freundes geboten hat.

Auch Angela Gheorghiu gibt sich am Ende des
20. Jahrhunderts in Covent Garden wie ein gehetztes
Wild, das die zweite Silbe von „Quanto?" fast verschluckt. Immerhin lasten nicht nur fürchterliche Sin-
neseindrücke auf Toscas Seele, sondern auch die Scham
darüber, daß sie in ihrer Not das Versteck des Flücht-
lings preisgegeben hat. Ob Cavaradossi ihr das je verzeihen wird?

In der Berliner Philharmonie ist Katia Ricciarelli
verzweifelt und maßvoll angewidert. Damit nähert sie
sich dem „Ausdruck tiefster Verachtung", den die
Librettisten Giuseppe Giacosa und Luigi Illica ihrer
Heroine verordnen, die mit aufgestützten Ellenbogen
an einem Tisch zu sitzen und ihr Kinn in die Hände zu
vergraben hat. Ein vermutlich unfreiwilliges Wortspiel
und dennoch eine hübsche Regieanweisung, die Vokabel
„prezzo" voller „disprezzo" vorzutragen! Wie aber soll
die Intonierung zweier gleicher Viertelnoten akustisch
auf Abscheu hinauslaufen? Ausnahmsweise hat Giacomo
Puccini den Darstellerinnen einen Sprechgesang gestattet, den die meisten von ihnen so willig praktizieren,
daß die jeweils zweite Viertelnote zur Achtelnote ver-
kümmert und das Intervall des Auftakts, die Quarte,
ignoriert wird.

Eigentlich erfreulich, daß um 1900 zwei italienische
Textbuchverfasser den Einfall für realistisch, genauer
für veristisch hielten, eine Figur des öffentlichen
Lebens die Käuflichkeit einer anderen Figur des öffentlichen Lebens nicht mit gedämpfter Verständnissinnig-
keit, sondern mit tiefster Verachtung betrachten zu las-

sen. Renata Tebaldi freilich, Besitzerin einer gerühmten Engelsstimme, regt sich bei ihrem „Quanto?" nicht auf. In einer römischen Akademie, die nach der für Musik zuständigen heiligen Cäcilie benannt ist, läßt sie sich als moderne, an Korruption gewöhnte Italienerin vernehmen. Geschäftsmäßig, wenn auch nicht besonders gern, erkundigt sie sich nach dem zu entrichtenden Preis. So ist das Leben, wobei der Verlauf, den es in dieser Oper noch nehmen wird, im Augenblick der Fragestellung nicht vorauszusehen ist.

Hildegard Ranczak hingegen scheint das blutige Ende des zweiten und das blutigere des dritten Aktes bereits vor Augen zu haben. 1944, kurz vor einem weiteren blutigen Ende also, dehnt sie in Berlin auf deutsch die zweite Silbe des Wortes „Wieviel?" zu einem Sirenenklang, als sollte damit der Polizeichef bezirzt und in sein Verderben gelockt werden. Bei „der Kaufpreis" hört sich alles unheimlich an, sowohl die korrekte Quarte als auch die gestochen scharfen Konsonanten. Nicht minder pointiert vermeidet Catherine Malfitano, tatsächlich in einem Saal des Palazzo Farnese agierend, den Eindruck der Beiläufigkeit. Sie streckt das „Quan" zu einem dringlichen Signalton, bei dem ein „So sag's doch endlich" mitschwingt, aber auch die Ahnung vom Beginn schrecklicher Entwicklungen. Vollends zieht Leontyne Price in Wien an jenem „Quan" wie an dem folgenden „prez" und unterstreicht damit die Bedeutung der Passage, der erst einmal der schurkische Schöngesang des Giuseppe Taddei folgt, eines unter Karajan idealen Scarpia.

Wird hier Katz' und Maus gespielt? Dann ist Maria Callas in Covent Garden die Katze. Ein kratzbürstiges Biest erkundigt sich, ohne an einem Ton hängenzubleiben, nach dem Preis, den entrichten zu wollen sie binnen kurzem behaupten wird. Doch sobald Scarpia an sie herantritt, um sie zu umarmen, wird sie ihm ein großes, scharfes Messer in die Brust stechen. Und kommentieren wird sie den Todesstoß mit „Das ist Toscas Kuß." Eine Frau, die derart küßt, darf bereits einige Minuten vorher, wenn sie ihr „Quanto?" anstimmt, eine der Hand und dem Geist angemessene Kehle haben. Begleitet von einem Geigentremolo, das ihr Mann, der diesmal dirigierende Cellist Rostropowitsch, auslöst, keucht in Paris Galina Wischnewskaja wie eine verzweifelte, von Ekel erfüllte, aber wild entschlossene Tigerin. Schließlich muß sie noch Nerven beweisen. Auf der Terrasse der Engelsburg wird sie der Exekution Cavaradossis beiwohnen, die Scarpia ihr als eine vorzutäuschende hingestellt hat, und wird sich in die Tiefe stürzen, sobald sie erkennt, daß ihr Freund allen Ernstes erschossen wurde und die Häscher nun hinter ihr her sind. Am Anfang vom Ende dreier Menschenleben aber steht eine grammatikalisch simple Frage.

Das Testament verfaßt der Erbe

Nach der Beerdigung beginnt der Ernst des Lebens. Die Hinterbliebenen geraten sich in die Haare, weil den einen der Letzte Wille so gut gefällt, daß die anderen vor Wut schäumen. Testamente werden mit einer Inbrunst interpretiert, als seien sie Weltliteratur. Mehrere Rechtsanwälte haben das Vergnügen, an ein und derselben Familie zu verdienen. Geschwister reden nicht mehr miteinander, und wenn doch, dann so, daß es besser gewesen wäre, sie hätten gegeneinander geschwiegen. Stärkste Gefühle bemächtigen sich der Erben, Abscheu zum Beispiel oder ein solider, stabiler Haß. Wenn es nicht zu Mord und Totschlag kommt, so hauptsächlich deswegen, weil eine Bluttat nur zu weiteren Erbschaftsstreitigkeiten führen würde. Soviel zu einem bühnenfernen Thema. Es schreit nach Sublimierung, nach behutsamer Verarbeitung zu einer Opera buffa.

Giacomo Puccini hat den Schrei vernommen und ihm zuliebe seinen Stil verraten, der unzweideutig lieblich, ehrlich lyrisch und aufrichtig leidenschaftlich war. Einen solchen Puccini singt nur ein Liebespaar, Lauretta und Rinuccio, denn vor Gott, der Welt und dem Opernpublikum ist deren Liebesglut wahrhaftig. Den Seufzern aber, die von einer solistisch besetzten Sippschaft in der Nähe des Leichnams ausgestoßen werden, gebührt das Prädikat „wahrhaftig" ganz und gar nicht.

Da fügt es sich gut, daß Opernmusik mit geheuchelter Trauer harmoniert, denn beide sind ohrenfällig. Der andere, der karikierende Puccini, läßt die Anverwandten ausgiebig klagen und das Orchester noch ausgiebiger. Es dauert aber nicht lange, und der vorgetäuschte Schmerz gewinnt an Echtheit. Einer aus der Großfamilie stöbert das Testament auf, dem mit erschütternder Eindeutigkeit zu entnehmen ist, daß Signor Donati seine gesamte Hinterlassenschaft einem Kloster zugedacht hat. Eine Kusine des Toten bemerkt zu Recht, daß jetzt die Verwandten wirklich weinen und nicht nur zum Schein. Möge auf diese Kusine die Geschichtswissenschaft hören, die für die Abwendung abendländischer Bürger von der Kirche gern die kompliziertesten Gründe anführt. Hier haben wir einen einfachen, der sich oft ergab: die Enttäuschung der Erbschleicher.

Guter Rat soll jetzt nicht teuer, wohl aber einträglich sein. Den entscheidenden Rat erteilt Gianni Schicchi, Laurettas Vater, der ein Deus ex machina wäre, dächte er nur an die Sippschaft und nicht vor allem an sich und das Liebespaar. Ein großartiger Sänger muß er, ein großartiger Schwiegervater wird er sein, ein großer Vater ist er schon, und als großer Spitzbube entpuppt er sich binnen kurzem. Komponist und Librettist bewundern ihn. Deshalb wird er, bevor er auftritt, dem Publikum angekündigt und vorgestellt, und das von Rinuccio, dem Tenor, im alten emphatischen Puccini-Stil. Daß Schicchi mit einem gewissen Arnolfo verglichen wird, mag unbeanstandet hingehen, denn nur wenigen Operngängern ist Arnolfo di Cambio, der Florentiner Dombaumeister, ein Begriff. In eine Linie gestellt wird Gianni aber sogar mit Giotto! Das Tertium comparationis ist die Herkunft eines Städters vom Lande – doch beste Gesellschaft bleibt trotzdem beste Gesellschaft. Schriebe die Bevölkerung von Florenz nicht gerade das Jahr 1299, griffe Giovacchino Forzano, der Librettist, vermutlich noch einmal sehr hoch und zöge eine Parallele zu dem 200 Jahre später wirkenden Machiavelli.

Weil gerissen, weil durchtrieben, weil raffinierter als die versammelte Meute, ist Gianni von vorn bis hinten als positive Figur gezeichnet. Schließlich ist er auch ein begnadeter Komödiant. Er legt sich ins Sterbebett, tut so, als sei er Donati, aber der noch lebende und durchaus geschäftsfähige Donati. Liegend und krächzend diktiert er ein neues Testament zu Gunsten seines alten Freundes Gianni Schicchi, der in Wahrheit er selbst ist. Welche Lebensweisheit, den Arzt bei seiner Selbstgefälligkeit, die Verwandten bei ihrer Habgier, den Notar bei seinem Erwerbstrieb zu packen! Der Arzt sieht nicht genau hin, weil er etwas von plötzlicher Besserung hört und mit der Bemerkung verschwinden kann, ihm sei noch kein Patient gestorben. Die Verwandten werden abgefunden, wenn auch nur spärlich, und damit zu Komplizen gemacht. Der Notar wird ordentlich honoriert, damit er jeden Eid darauf schwört, alles sei mit rechten Dingen zugegangen.

Die Verwandten packt Schicchi nicht bei der Ehre, sondern bei ihrem schlechten Gewissen, wissen sie doch, daß ihre Komplizenschaft vollauf genügt, um verbannt zu werden und dann singen zu müssen: „Addio, Firenze, addio, cielo divino." Wenn die Sippschaft zur Räson gebracht werden muß, stimmt Gianni einfach diese Melodie an. Ja, über Florenz wölbt sich ein göttlicher Himmel, ein himmlischer Himmel sozusagen, unter dem die Autoren aber nicht nur einen kosmischen, sondern auch den Himmel der Zivilisation verstehen. Florenz, die Stadt der Frührenaissance. Florenz, die Stadt des aufkeimenden Bankengewerbes. Florenz, die Wiege der Neuzeit und damit die richtige Umgebung für Gianni Schicchi, den enormen Baß, dem das Falsett nicht fremd ist. Florenz, die Stadt Dantes. Zum Ausklang fragt die Titelfigur nicht singend, ob Kirche oder Justiz ihr verzeihen würden. Sie fragt sprechend, in welchen Kreis der Hölle Dante sie stecken würde, eingedenk der Urkundenfälschung, aber auch aller mildernden Umstände. Wir reden von großen Männern, von Giotto, Dante und Gianni Schicchi.

Es rollen die liebenden Köpfe

Während die Herren im Parkett betörende Musik hören, erkennen ihre Damen, wie dumm die Männer sind.

Vor lauter Liebe riskieren sie Kopf und Kragen. Sie lassen sich auf ein Quiz ein, dem die Eheschließung oder die Todesstrafe folgt. Da die begehrte Frau frigid und ihr Vater der Kaiser von China ist, werden für die Formulierung dreier möglichst unlösbarer Rätsel genügend Ghostwriter zur Hand sein, auch wenn die beiden Librettisten, taktvoll wie sie sind, dieses Hofgeheimnis nicht lüften. Hingerichtet wird ein Bewerber nach dem anderen, doch abschrecken läßt sich keiner, auch nicht der Prinz von Persien, der im ersten Akt das Wort „Turandot" singt, worauf er für immer verstummt. Die westlichen Herren im Parkett fragen sich vielleicht, ob die soeben genannte fernöstliche Prinzessin eine Art Domina sei. Von der Bühne herab bekommen sie eine Antwort, die noch exotischer ist als der eiserne Wille, den Arbeitsplatz des Henkers zu sichern.

Angeblich hallt in Turandots Seele der Verzweiflungsschrei einer Ahnfrau nach, ein Schrei, so fürchterlich, wie Giacomo Puccini, der Freund des Belcanto, ihn nicht komponieren möchte. Obwohl die beiden Librettisten, taktvoll wie sie sind, sich nur in Andeutungen ergehen, darf angenommen werden, daß die hohe Frau vergewaltigt worden ist. Lebte und litt sie, deren Schrei als Ruf nach Strafe interpretiert wird, wenige Jahre zuvor? Nein, die häßliche Geschichte trug sich vor Jahrtausenden zu. Oho, das ließe auf ein extrem ausgeprägtes Geschichtsbewußtsein der Quizmasterin schließen. Doch selbst wenn Giuseppe Adami und Renato Simoni, die beiden taktvollen Librettisten, mit „mill'anni e mille" auf gut italienisch eine sehr hohe, aber unbestimmte Zahl von Jahren meinen und Turandot nur die Urgroßmutter ihrer Urgroßmutter rächt, sind die Herren im Parkett ermächtigt, die Echtheit des genannten Motivs zu verwerfen. Der Prinzessin macht es einfach Spaß, wenn ihr zuliebe die Köpfe rollen.

Was sind ihr gegenüber trotz gleichen hochdramatischen Stimmfachs die Wagner-Heroinen doch für süße Mädchen! Brünnhilde, um eine besonders gut, nämlich durch Feuer abgeschirmte Sopranistin zu erwähnen, würfe sich lieber heut' als morgen einem Helden an den Hals. Vollends ist Tristans Isolde aus chinesischer Perspektive die reinste Schmusekatze. Dem Prinzen mit dem prächtigen Tenor wäre fast jede weibliche Opernfigur eher zu gönnen als der chinesische Kühlschrank. Was Calaf nur an Turandot findet? Zwar ist er so etwas wie ein Heimatvertriebener, der eine ordentliche kaiserliche Aussteuer gut gebrauchen könnte. Doch die beiden Librettisten, taktvoll wie sie sind, ziehen diesen Beweggrund nicht in Betracht, sondern halten es mit der üblichen „divina bellezza", mit der göttlichen Schönheit, der Calaf spornstreichs verfällt, als Turandot sich kurz, hochnäsig kurz, in einer Loggia zeigt. Es ist nämlich keineswegs so, daß Calaf Gelegenheit hätte, im kaiserlichen Palast bei einer Tasse Tee wiederholte Blicke auf Turandot zu werfen, um von der Anmut ihrer Konversation nicht weniger gefesselt zu sein als von ihrem Augenaufschlag. Die Hartnäckigkeit, mit der gefragt werden muß, was er denn an ihr finde, hat vor allem mit Liù zu tun, einer den Prinzen vergeblich liebenden und für ihn sich aufopfernden Normalfrau. In Calafs Situation würde jeder Puccini-Verehrer die Prinzessin ihren verrückten Anbetern überlassen, die allerliebste Liù in die Arme schließen und mit ihr, bevor der Chor etwas merkt, auf und davon sein. Doch dieser Tenor will aus anderem Holz geschnitzt sein.

Unglaublich, was er sich alles gefallen läßt. Er löst die drei ihm vorgelegten Rätsel und bekommt von Turandot zu hören, sie könne sich ihm trotzdem nicht hingeben, sie habe einfach nicht die Nerven dazu. Das ist glatter Vertragsbruch und eine Unverschämtheit sondergleichen, hätte doch auch Calaf nicht sagen können, zwar habe er das Spiel verloren, doch seinen Kopf gebe er nicht her. Jetzt sollte er wirklich mit Liù das Weite suchen, tut es aber nicht, denn mit Turandot verbündet sich der Komponist. Von einfühlsamen Streicherklängen begleitet, lügt sie noch einfühlsamer, daß sie vor Scham vergehen würde beim Vollzug der Ehe. Vor Liebe blind, wird Calaf immer blinder, was sich melodisch sofort auszahlt. Chor und Orchester schwellen an, erreichen einen dynamischen Höhepunkt, der jedoch, ein echter Puccini-Effekt, überhöht und abgerundet wird durch die männliche Solostimme, die das Wort „ardente" schmettert, was „glühend" heißt, denn glühend und nicht widerwillig soll Turandots erst noch herbeizubettelnde Liebe sein. Deshalb begibt der Prinz sich abermals in Lebensgefahr, deshalb will er sterben, wenn sie seinen in Peking unbekannten Namen errät, deshalb erklingt im nächsten Akt Calafs Bravourarie zum Thema Namensquiz, und deshalb erkennen die Damen im Parkett immer besser, wie dumm die Männer sind.

Zwei von ihnen kommen ans Ziel, der Tenor an ein sentimentales, der Komponist an ein existentielles. Kein Gedanke, nur ein Gedankensplitter möge der Deutung Vorschub leisten, 1924 habe sich Puccini, der Herzensexperte, ein paar Takte zu früh von dieser Welt verabschiedet, um nicht ein mit Leichen gepflastertes Glück melodisch feiern zu müssen. Gern verklärt er noch das Ende der treuen Liù, die Selbstmord begeht, damit kein Folterknecht ihr den Namen des Prinzen entreiße, zu dem die Einbahnstraße ihrer Liebe führt. Doch andere Hände vervollständigen nach vorhandenen Skizzen das Schlußduett Turandot-Calaf, dem der letzte Vorhang, nicht aber die Schilderung einer Ehe folgt. Dabei gäbe deren experimenteller Charakter den Stoff für eine wüste Opera buffa ab. Denn die Prinzessin wird sich doch nicht ändern, bloß weil ein Mann so leichtsinnig ist, das anzunehmen.

Erst köpfen, dann küssen

Salome, Prinzessin von Judäa, verwöhntes Biest und heiratsfähige Jungfrau, mithin in noch besseren als den sogenannten besten Jahren, hegt ausgefallene Wünsche. Sie möchte einen Staatsgefangenen sprechen, was streng verboten und gerade deshalb reizvoll ist. Sie bezirzt, für sie ein Kinderspiel, den wachhabenden Hauptmann Narraboth, der den inhaftierten Jochanaan alias Johannes den Täufer ihr zuliebe herbeizitiert.

Sofort keimt in Salome der nächste Wunsch. Den ausgemergelten Jochanaan findet sie sexy, weil er im Gegensatz zu allen anderen Männern kein Auge auf sie wirft, sondern mit vollem Bariton religiöse Themen anschneidet. Aufs verführerischste zetert er über die Lasterhaftigkeit ihrer Mutter und singt damit indirekt das Loblied der Züchtigkeit. Hinreißend ist vor allem, daß er die Situation nicht ausnützt, es vielmehr angewidert verschmäht, die Beziehung zu knüpfen, die sie, die Prinzessin, ihm in ekstatischer Melodik anbietet.

Endlich einmal ein Typ, der bei ihrem Anblick nicht zu schmachten anfängt. Endlich einmal ein anderes Kaliber als jener Langweiler da, der Narraboth, der sie ununterbrochen anhimmelt und sich hat breitschlagen lassen, den seltsamen Propheten und sie zusammenzubringen. Für welchen Lohn tat das der Hauptmann? Für ein Rendezvous? Oder wenigstens einen Schmatz auf die Backe?

Nein, bloß für die Zusage der Prinzessin, ihm morgen früh durch einen Schleier aus Musselin zuzulä-
cheln. Solche Verehrer verachtet sie. Dabei hat Narraboth die Orchestermusik von Richard Strauss auf
seiner Seite, untermalen doch die glitzernden, gleißenden
und glühenden Klangfarben sogar den armen Tenor.
Wenn der sich binnen kurzem ersticht, weil Salome
unbedingt Jochanaan küssen möchte, nimmt sie, genau
aus demselben Grund, keinerlei Notiz davon.

In der Zähigkeit, der Hartnäckigkeit und der Sturheit besitzt der Mensch effektvoll zu vertonende Eigenschaften. An den Nerven zerrende Wiederholungen,
melodisch und rhythmisch leicht variiert, erfreuen den
musikalischen Feinschmecker. Die leidenschaftliche,
vom Orchester unterstützte Bitte, Jochanaan auf den
Mund küssen zu dürfen, trägt Salome solange vor, bis
dieser Mund sie verflucht und sein Besitzer zu erkennen gibt, daß ihm der Aufenthalt im Kerkerloch lieber
ist als ihre Aufdringlichkeit. Das ist der Moment, in
dem eine Frau wie Salome den Kampf der Geschlechter
nicht aufgibt. Sie sagt sich, daß ein wehrloser Mund
am bequemsten zu küssen wäre, ein wehrloser Mund
aber einem wehrlosen Mann gehören müsse und der
Täufer erst als Toter wahrhaft wehrlos sei. Ein irrer
Versuch, sich schadlos zu halten, doch logischer als
mancher andere Plan, der uns in dieser Opern-Serie
noch begegnen wird.

Tötungsbefehle zu erteilen kommt dem Stiefvater
zu, dem Tetrarchen Herodes, der Tenor ist wie Narraboth und genauso leicht einzuwickeln. In seiner Dumm-

heit schwört er, Salome habe einen Wunsch offen, sofern sie den Tanz der sieben Schleier bis zum siebten ausführe. Sopranistinnen, die ihren Ehrgeiz in einen leckeren Striptease legen, haben nicht begriffen, daß Salome sich voller Unlust entkleidet. Sie haßt den König, dem sie „Maulwurfsaugen unter den zuckenden Lidern" zuschreibt. Deshalb ist es auch irreführend, wenn eine biegsame Balletteuse doubelt. Eine steifleinene Sängerin, vorsichtig ihre Hüllen ablegend, bietet genau jenes erotische Minimum, das die anderweitig verliebte Salome vor dem regierenden Lüstling notgedrungen produziert.

Dieser fällt aus allen Wolken, als Salome vertragsgemäß den Wunsch ihres Lebens äußert: den Kopf des Jochanaan. Wieder bewähren sich Zähigkeit, Hartnäckigkeit und Sturheit kompositorisch, wieder erfreuen Variationen den musikalischen Feinschmecker. Anders als Richard Strauss verkennt Herodes die Bedeutung der Halsstarrigkeit und macht Ersatzangebote: die Hälfte seines Königreiches, daneben den schönsten Smaragd der Welt. Tja, es ist eben nicht einfach, eine verwöhnte junge Frau mit irgendwelchen Juwelen abzuspeisen. Und was soll sie mit weißen Pfauen, mit angeblich unbezahlbaren Schätzen, mit dem Mantel des Hohenpriesters oder dem Vorhang des Allerheiligsten? Sie will, wie oft muß sie es eigentlich noch sagen, den Kopf des Jochanaan, der ihr schließlich auf einer Silberschüssel gereicht wird. Salome küßt. Bis auf einen sind alle ihre Wünsche befriedigt worden, die erfüllbaren sowieso und die unerfüllbaren auch. Über das For-

tissimo eines Hundert-Mann-Orchesters schwingt sich
in der exzentrischsten aller Tonarten, in Cis-Dur, als
Ausdruck wilden Glücks die Kantilene: „Ich habe deinen Mund geküßt, Jochanaan. Ich habe ihn geküßt,
deinen Mund." Findet jemand das widerlich? Er hätte
dann den gleichen Geschmack wie der regierende Lüstling, der Mann mit den Maulwurfsaugen. Der schreit:
„Man töte dieses Weib", was in wenigen Takten erledigt wird. Bei der Übersetzerin Hedwig Lachmann
begraben Soldaten die Prinzessin mit ihren Schilden,
doch in der originalen Regieanweisung Oscar Wildes
zerquetschen diese Schilde sie. Als Operntod ist dieses
Ende so einmalig wie Salomes hübscher Dickschädel.

Triumph der verlassenen Frau

Wußten Richard Strauss und Hugo von Hofmannsthal nicht, was sie taten? Haben die beiden wirklich erst später gemerkt, welche bewunde-
rungswürdige Figur ihnen mit der Marschallin gelungen
war? Wenn sie eine prompte Zufriedenheit mit sich
selbst bekundet haben sollten, dann wohl nur
gesprächsweise und nicht für die Nachwelt schriftlich.
Zuerst jedenfalls sollte Baron Ochs auf Lerchenau die
Titelfigur sein, ein vierschrötiger und heruntergekom-
mener Bonvivant, der seine finanzielle Rettung in einer
von Zuneigung unbelasteten Heirat sucht. Später fiel
die Entscheidung auf „Der Rosenkavalier", womit der
Brautwerber gemeint ist, der sich, die silberne Rose in
der Hand, auf der Stelle und erfolgreich in die Braut
verliebt. Für die Straussianer jedoch, Freunde eines
delikaten Belcanto und einer ausgeklügelten Instrumen-
tation, ist und bleibt die Hauptperson die Gemahlin
eines abwesenden Wiener Feldmarschalls, deren Liebhaber der Rosenkavalier ist, wenn auch nur im ersten
Akt. Sie sagt und singt manches, was ihre Verehrer aus
dem Publikum ihr Leben lang nicht vergessen werden,
zum Beispiel: „Mein lieber Hippolyte, heut' haben Sie
ein altes Weib aus mir gemacht." Sie weiß genau, wie
schuldlos der liebe Friseur ist, der sich zu den karikie-
renden Zweiunddreißigsteln der Flöte sofort wieder
auf die Rokokolocken stürzt und womöglich glaubt,

mit seiner Beflissenheit ein Schicksal abwenden zu können. Die Marschallin ist eine reife Frau, Reife aber eine
anfangs unterschätzte und mit den Jahren immer här-
ter werdende Strafe für nichts. Nun stellen gerade all-
gemeingültige Erfahrungen hohe Ansprüche an die
Formulierungskunst. Hier das Paradebeispiel: „Wie
kann das wirklich sein, daß ich die kleine Resi war und
daß ich auch einmal die alte Frau sein werd'? Die alte
Frau, die alte Marschallin! ,Siegst es, da geht die alte
Fürstin Resi!' Wie kann denn das geschehn? Wie macht
denn das der liebe Gott? Wo ich doch immer die gleiche bin. Und wenn er's schon so machen muß, warum
laßt er mich zuschaun dabei, mit gar so klarem Sinn?
Warum versteckt er's nicht vor mir? Das alles ist
geheim, so viel geheim, und man ist dazu da, daß
man's ertragt." Dennoch sind wir in einer „Komödie
für Musik", weshalb Oktavian hereinstürmt, der Liebhaber, der die Traurigkeit als Angst interpretiert – als
Angst um wen?

„Um mich, um mich", jubelt er in seiner verständ-
nislosen Eitelkeit. Es ist eine sehr feine Komik, mit der
Hofmannsthal hier wie bei der Hippolyte-Passage aufwartet, und wer sie nicht allenthalben herausspürt,
wird den heiteren Ernst und die tiefsinnige Freudigkeit
der Oper so wenig verstehen wie Oktavian die Frau,
von der er meint, er liebe sie. Und wie er doch gleich
beleidigt ist, wenn ihm ein Zipfelchen der Wahrheit
gezeigt wird! Wieder ein köstlicher Satz aus dem
Libretto: „Jetzt muß ich noch den Buben dafür trösten,
daß er mich über kurz oder lang wird sitzen lassen."

Es geschieht „über kurz", nämlich schon im nächsten Akt. Sophie von Faninal ist eine liebe, freundliche und durchschnittliche Person, aber viel jünger und deshalb hübscher als die Fürstin Resi, die schon immer geahnt, nein gewußt hat, wie leicht es einem solchen Mädchen fallen werde, ihr den Geliebten auszuspannen. Niemand soll das sich findende musikalische Traumpaar für tiefgründig halten, bloß weil Oktavian in seiner Hosenrolle ziemlich stürmisch und Sophie mit ihrem Koloratursopran reichlich aufgeregt ist. Herrlicher, weil damenhafter, weil voller Grandezza und stolzer Melancholie, klingt die Stimme der Marschallin – selbst in der Erinnerung, selbst im zweiten Akt, in dem sie gar nicht zu vernehmen ist. Wenn aber im dritten Akt, der in einem Wiener Beisl spielt, Oktavian dem Nebenbuhler Ochs einen bösen, obgleich verdienten Streich gespielt hat, wenn die Konfusion ihren Höhepunkt erreicht und der Wirt mit seinem Nebenrollentenor die Ankunft der Frau Fürstin Feldmarschall meldet – dann breitet sich bei Darstellern und Zuschauern das Gefühl aus, daß Souveränität und Lebensweisheit auf die Bühne zurückgekehrt sind und dem Hochzeitspaar nichts in den Weg legen werden.

Oktavian, ein wenig linkisch, ein wenig unsicher, will um gut Wetter bitten und singt mit seinem Mezzo so betörend wie einst in alten Tagen: „Marie Theres'". Ja, die Hörer sollen an Maria Theresia denken, und wenn sie fälschlicherweise annehmen, tatsächlich die Kaiserin vor sich zu haben, so ist nur diese Meinung falsch, nicht aber das ihr zugrunde liegende Gefühl.

„Hab' mir's gelobt, ihn lieb zu haben in der richtigen Weis', daß ich selbst sein Lieb' zu einer andern noch lieb hab'." Mit diesen Worten der Marschallin beginnt das Terzett dreier Soprane – ein kompositorisches Wagestück sondergleichen, das jedoch fulminant gelingt, wie Richard Strauss in dieser Oper so gut wie alles gelingt, selbst die unhistorische Charakterisierung des Rokoko durch den Wiener Walzer. Die Marschallin verabschiedet sich mit einem „Ja, ja", einem Sprung der großen Septime nach unten, einem unter Tränen lächelnden Intervall. Doch werden die Tränen rasch trocknen.

Bei der Totenfeier für den Komponisten wurde sein Terzett gesungen, obwohl es mit dem Tod nichts zu tun hat, nur mit den Wirrungen des schlagenden Herzens. Als alter und berühmter Mann hat Strauss sich einmal einem Amerikaner mit den Worten vorgestellt: „I am the composer of the Rosenkavalier." Dieser Kavalier aber müßte irgendwann, wenn Anlaß besteht, auf das eigene Leben zurückzublicken, zu seinem Ruhme bekennen: Ich war der Geliebte der Marschallin.

Ganz ernst und schön frech

Zwei Seelen wohnten in der Brust des Richard Strauss. Nur sagte er nicht „ach" dazu, denn die beiden verstanden sich glänzend. Die eine war schwärmerisch und schwelgerisch, schwungvoll und spätromantisch und trotz der vielen Melodien, die ihr frühere Tonsetzer schon weggeschnappt hatten, ungewöhnlich melodiös. So entstand ein jugendliches Meisterwerk, der orchestrale „Don Juan". Die andere war schelmisch und schnippisch, frech und frivol und zu jeder Karikatur, auch der eigenen Person, gern bereit. So entstand ein weiteres Meisterwerk, der orchestrale „Till Eulenspiegel". Mitten im Ersten Weltkrieg schrieb Strauss an Hugo von Hofmannsthal, zur Zeit sei er „der einzige Komponist, der wirklich Humor und Witz und ein ausgesprochen parodistisches Talent hat". Damals vereinigten sich die beiden Seelen am Flügel und am Schreibtisch einer Garmischer Villa. So entstand ein Gemeinschaftswerk des Ernstes und der Komik, die Oper „Ariadne auf Naxos".

Obwohl ihre Trauer zu boshaften Glossen einlädt, trauert Ariadne wirklich. Die durch und durch elegische Königstochter ist von ihrem Mann, ihrem geliebten Theseus, verlassen und auf Naxos ausgesetzt worden, einer öden, extrem unwirtlichen und daher zu verzehrendem Schmerz sehr gut passenden Mittelmeerinsel. In weit ausschwingenden Kantilenen sehnt sich

Ariadne nach dem Tod und glaubt ihn schließlich leibhaftig zu erblicken. Denn der Ankömmling, der noch jugendliche Gott Bacchus, sieht blendend und nicht wie ein Tenor aus, auf jeden Fall so gut, wie ihrer Meinung nach allein der Todesgott aussehen kann. Weil alle Gefühle echt sind und nicht geheuchelt, beeindruckt solches Herzeleid sogar den Gott, der als olympischer Luftikus das Gestade betritt, sich dann, typisch Hofmannsthal, seelisch verwandelt und als Ariadnes gewaltiger Schutzgeist zu wahrer Göttlichkeit gelangt.

Anders ausgedrückt: Ariadne trauert wirklich, weil sie sitzengelassen wurde und der nächste Liebhaber noch nicht in Sicht ist. In weit ausschwingenden Kantilenen sehnt sie sich nach einem Mann, einfach nach einem Mann. Daß dieser dann schön wie ein junger Gott ist, macht das Abenteuer nur noch reizvoller und die kaum bevölkerte Insel zu einem einzigen Liebeslager.

Beide Perspektiven harmonieren, weil der Opernbesucher nicht nach Naxos, sondern nach Wien gelangt, wo im Haus eines im Hintergrund bleibenden Mäzens die Inseloper aufgeführt wird. Theater auf dem Theater. Das 18. Jahrhundert beäugt den Mythos und mag ihn nicht. Der Hausherr schätzt Schwänke und Feuerwerke, bezahlt auch, da er sie nun einmal bestellt hat, eine Oper, die „Ariadne" heißt, möchte sich aber durch deren Aufführung nicht den Abend verderben lassen. Erregt schon Naxos Anstoß, weil eine „wüste Insel" nicht in ein hochherrschaftliches Palais gehört und mithin das Bühnenbild für seinen architektonischen Rahmen zu schäbig ist, so mißfällt vor allem die todernste und todtraurige und daher vermutlich todlangweilige Handlung.

Und nun sieh einer diese beiden Schlingel an, den Hofmannsthal und den Strauss. Kulturell fühlen sie sich dem Geldsack turmhoch überlegen, doch gerade deshalb glauben sie in ihrer Geschmackssicherheit, seinem Banausentum die Ehre erweisen zu können. Mit Gusto greifen sie die Idee auf, Naxos nicht nur mit einer Witwe, einer Göttergestalt und drei Quellnymphen zu bevölkern, sondern gleichzeitig mit vier Possenreißern aus der klassischen italienischen Komödie sowie mit der flotten Zerbinetta und ihrem unfeierlichen Koloratursopran.

Nur einer ist angewidert, angeekelt von solcher Mixtur: der im Vorspiel auftretende Komponist, eine Hosenrolle für Sopran wie anderweitig der Rosenkavalier. Hat der Schöpfer der „Ariadne" deren fingiertem Schöpfer autobiographische Züge verliehen? Ja und nein. Zu seinen Inspirationsquellen zählte der reale Strauss heftigen persönlichen Ärger – und führt jetzt auf der Bühne vor, wie der Komponistensopran sich fürchterlich aufregt, wie er Melodiepartikel hervorbringt und flugs zu einem zarten, innigen Thema findet, so daß der Zuschauer nicht nur mitbekommt, wie jemand liebt und haßt, sondern endlich auch, wie jemand komponiert. Sonst aber ist der Komponist schon deshalb kein Richard Strauss, weil in seiner Brust nur eine einzige Seele wohnt, die ernste, die tragische.

Aber herrlich, wie er seine eine Seele verteidigt, wie er sie sogar behauptet gegenüber Hofmannsthals Alternativseele, die der Ariadne-Handlung das Etikett „Verstiegenheit" aufklebt und einem Tanzmeister Worte wie die in den Mund legt, bei dieser Oper sei alles getan, „um stehend einzuschlafen". Leicht ist es, der Seriosität den Spott folgen zu lassen wie der Tragödie das Satyrspiel, doch weitaus schwieriger, im Nu den Hohn wegzuwischen mit ernsthaftester Innerlichkeit. Seinen großen Einsatz hat der Komponist, wenn er auf Zerbinettas Bemerkung, nach der Ankunft des jungen Gottes habe die verlassene Frau „ja fürs nächste, was sie braucht", sein unbeirrbares „Sie hält ihn für den Todesgott" anstimmt. Von einem Takt zum anderen wechselt die Seelenlage, wechselt dann immer wieder, bis die Oper lyrisch und hymnisch endet, trotz einer letzten Wortmeldung Zerbinettas.

Und ausgerechnet in diese Person verliebt sich der Komponist. Er verfällt nicht der Primadonna, die ihn bitten läßt, die Bacchus-Partie zu kürzen, wie umgekehrt der Tenor meint, die Ariadne-Partie verdiene ein paar Striche – nein, er verfällt einem jungen Ding, das weder augenscheinlich, noch auf Dauer ohrenfällig zu ihm paßt. Richard Strauss hingegen war mit einer seriösen Wagner-Sängerin verheiratet.

Liebe nach dem ersten Blick

Sie liebt Wladimir, er aber nicht sie, sondern ihre Schwester Arabella, die wiederum einen Nebenbuhler bevorzugt. Eine gewöhnliche Situation, nicht der Rede wert, es sei denn, die unglücklich liebende Frau liefe unter dem Namen Lucidor als Mann herum, lockte den Liebsten zu sich und machte mit Vorhängen und ähnlichen Utensilien die auch in Wien meist dunkle Nacht so pechrabenschwarz, daß Wladimir irrtümlich annimmt, er verbringe sie mit Arabella. Der Kavalier soll genießen und schweigen und die ungekünstelte Gleichgültigkeit, mit der ihm die vermeintlich hingebungsvolle, in Wahrheit unberührte Arabella bei Tageslicht entgegentritt, für gesellschaftlich bedingtes Theater halten. Zuerst gefällt und schmeichelt ihm dieses Theater, das keines ist, dann wird es ihm unheimlich, denn je weniger Arabella sich verstellt, desto mehr schaudert ihm vor der Virtuosität ihrer Verstellungskunst. Genau das richtige Sujet für einen Dichter wie Hugo von Hofmannsthal, zumal Wladimir mit seiner tagsüber rätselhaften Siegessicherheit auch noch den Nebenbuhler verdutzt, glauben doch beide Herren, jeweils der andere habe allen Grund, sich zurückzuziehen. Leider ist „Lucidor" nur eine köstliche Kurzgeschichte. In ihr macht uns Hofmannsthal jedoch den Mund mit der Bemerkung wäßrig, der Stoff wäre etwas für eine Komödie.

Nun ist es soweit. Er schreibt für Richard Strauss eine heitere Oper, setzt auch sein Geschöpf in Szene, die schöne, hoheitsvolle Arabella, erfindet jedoch für die Pikanterien der Erzählung einen anderen Nachtschwärmer. In der Oper nämlich erwidert Arabella die Liebe ihres Verehrers, der ein Slawe bleibt, wenn er auch Mandryka heißt und nicht Wladimir. Der Dichter aber reitet eines seiner Steckenpferde, den Glauben an die Liebe auf den ersten Blick.

Arabella teilt diesen Glauben. Bevor sie Mandryka kennenlernt, schwärmt sie in Tönen, die das Einverständnis des Komponisten verraten, von dem „Richtigen", von dem auf Anhieb sie überzeugenden Mann. „Der wird einmal dastehn, da vor mir, und wird mich anschaun und ich ihn, und keine Zweifel werden sein und keine Fragen." Sehr schön wäre das. Und sehr kurz, für eine Oper in drei Aufzügen entschieden zuwenig weitschweifig. Dramaturgisch noch ungünstiger verliebt sich Mandryka, der im entscheidenden Augenblick weder auf der Bühne steht noch hinter den Kulissen wartet, sondern im fernen Slawonien, nicht Slowenien, ein Photo Arabellas vermutlich mehr anstarrt als anschaut. Auf dem für alles weitere verantwortlichen Konterfei trägt sie ein stahlblaues Ballkleid mit Schwanenbesatz, das dem Zuschauer umständehalber vorenthalten wird.

Richard Strauss, der mitnichten einen Drei-Minuten-Sketch vertonen wollte, sympathisierte nicht mit der Liebe auf den ersten Blick, hielt sie aber in Ehren, denn Richard Wagner, sein Idol, hatte sie zuweilen auf-

gegriffen. Senta verliebt sich in ein Porträt des Fliegenden Holländers, und dabei bleibt es. Lohengrin infor-
miert Elsa über die Schnelligkeit seiner Gattenwahl:
„Dich sah mein Aug', mein Herz begriff dich da."
Wenn in der „Walküre" Siegmund und Sieglinde sich
erblicken, gibt keiner der beiden, wohl aber das Orchester zu, daß es im Nu gefunkt hat. Immerhin lehrte
Wagner seine Bewunderer, wie eine zeitraubende
Handlung mit der Schönheit des Augenblicks zu ver-
einbaren sei. Noch bevor ihr auf einem Ball Mandryka
vorgestellt wird, singt Arabella, als mache Liebe nicht
blind, sondern weitsichtig: „Mama – das ist jetzt wirklich die Entscheidung." Binnen kurzem finden sich er
und sie zu einem Duett zusammen, das ein bißchen
nach „Wenn ich ein Vöglein wär'" klingt, jedoch den
Gleichklang der Seelen bezeugt, nachdem der Gleichklang der finanziellen Interessen dem Publikum längst
bewußt geworden ist. Arabella stammt aus verarmtem
Adel und muß nach Meinung ihrer Eltern lieber heute
als morgen unter die Haube. Ihr Partner ist Witwer
und Großgrundbesitzer und nur darauf aus, seiner
zweiten Frau das Schlaraffenland zu bereiten. Ungefähr
in der Mitte der Oper könnten die beiden eigentlich
ihre Hochzeitsreise buchen und die Zuschauer den
Heimweg antreten.

Bei dem, was Hofmannsthal kann, ist seine sanfte
Abneigung gegen sich verstrickende Handlungsstränge
und sich schürzende Knoten durchaus begreiflich. Um
den Leser oder Zuschauer zu beeindrucken, brauchen
seine Figuren kaum etwas zu tun. Als spiele sie die

Germanistin, sagt Arabella zu Mandryka: „Sie bringen Ihre eigne Lebensluft mit sich." Jeder im Publikum kennt Mandryka von oben bis unten, den großherzigen, weitherzigen, warmherzigen Bariton vom Land, der es trotz einiger Unbeholfenheiten nicht allzu schwer haben wird in der Großstadt, weil er gesittet ist durch und durch. Und jeder kennt Arabella, den kühlen Sopran, von innen heraus elegant, sehr sicher im Umgang mit den Menschen und sehr stolz. Auch ihre Schwester Zdenka, die, siehe Lucidor, in Knabenkleidern steckt, hat ihre Lebensluft um sich, ebenso der arme Jägeroffizier Matteo, der wie Wladimir liebt und sich wie dieser nie in der Tür, wohl aber in der Bewohnerin des Zimmers irrt.

Strauss hat mit seinem Librettisten manchmal gehadert, weil er in der Handlung und der Spannung noch viel notwendigere Übel sah als dieser. Doch einmal, 1929, als er endlich tief zufrieden war mit einem immer wieder überarbeiteten Text, tat er etwas, was er noch nie getan hatte. Er dankte spontan und schickte Hofmannsthal das Telegramm: „Erster Akt ausgezeichnet." Als es in Wien ankam, war der Dichter gerade gestorben, aus Kummer über den Selbstmord seines Sohnes. Die zu spät eintreffende Depesche wäre ein großartiger Stoff, aber leider zu kurz für eine Oper.

Flora und Fauna – alles Verwandte

Unphilosophische Naturliebhaber, sie leben vorzugsweise in der Großstadt, warten mit ihrer Naturbegeisterung auf das nächste schöne Wetter. Philosophische Naturliebhaber bleiben bei jeder Witterung zu Hause, neigen zum Pantheismus und damit laut Schopenhauer zu einem höflichen Atheismus. In diesem Weltbild geht es unruhig, ja rastlos zu, denn fast alles ist in Bewegung. Immer wirkt und waltet etwas, andauernd regen sich Kräfte, unverdrossen herrscht Erneuerung. Unter den vielen Bemerkungen, die von Richard Strauss schriftlich überliefert sind, harmonieren einige mit jener quirligen Lehre. Unter seinen Orchesterwerken bieten sich die „Alpensinfonie" und notfalls „Also sprach Zarathustra" als Belege für satztechnische Naturverbundenheit an. Unter seinen Opern freilich war jahrzehntelang keine zu finden, die als ein Hymnus auf Flora und Fauna hätte ausgegeben werden können. 1938 aber trat Daphne auf, Geschöpf eines grün gewordenen Komponisten. Unsere Ökologen müssen sehr unmusikalisch sein, denn während sie über Tod und Teufel reden, übersehen sie hartnäckig den abendfüllenden Einakter, obwohl dieser aus Rücksicht auf die allgemeine Begriffstutzigkeit überdeutlich als „bukolische Tragödie" etikettiert worden ist.

Daphne, ein lyrischer Sopran, betritt die Szene und äußert sich ohne Umschweife über Sonnenenergie. Das

Mädchen vom Land nennt poetische Beispiele für die Herrlichkeit und Notwendigkeit dieser Kraftquelle und bedauert, daß der Tag, der lichte Tag, nach mehreren Stunden regelmäßig ein Ende hat. Als Angehörige des klassischsten Altertums lebt Daphne vor Kopernikus und kann daher nicht wissen, daß die geliebte Sonne immer scheint, rund um den Globus und rund um die Uhr. Jedenfalls möchte sie, daß die Sonne über ihr weder weiche noch wanke, was ein gespaltenes Verhältnis zur Nacht verrät. Daphne ist in einem Alter, in dem andere Opernfiguren den Vorzug der Finsternis gerade zu würdigen beginnen. Sie aber weist die Männer ab, zuerst den lyrischen und dann den Heldentenor. Daß Leukippos, ein flötespielender Hirte, nicht sehr reich, aber furchtbar nett, für sie keine ideale Partie ist, vermag der kalkulierende Verstand noch zu erkennen. Daß sie aber Apollon die kalte Schulter zeigt, nachdem sie begriffen hat, wer er ist und was er von ihr will, daß sie sich also einem Sonnengott von notorischer Macht und Körperschönheit verweigert, kann nur der eingefleischte, der in der Wolle gefärbte Naturfreund verstehen.

Das junge Ding will mit der Natur verschmelzen, möchte einswerden mit ihr. Um zu ermessen, was das bedeutet, sind zwanzig Sekunden anthropologischer Besinnung vonnöten. Der Mensch, nicht wahr, bleibt als Gattungswesen der Natur verhaftet, erhebt sich aber über sie. Diese Erhöhung hat den Menschen, eitel wie sie sind, immer eingeleuchtet, hat die Aufklärer an weiteren Höhengewinnen Geschmack finden lassen und die Ökologen auf den Gedanken gebracht, eine zeitlich nicht begrenzte Fürsorgepflicht zu propagieren. Alles also von oben herab. Daphne hingegen möchte mit Pflanzen und Tieren von gleich zu gleich verkehren und im wahrsten Sinne des Wortes Naturkind sein. Die Substantive Bruder und Schwester sind die Lieblingswörter des Textautors Joseph Gregor, denn zu ihrer eigenen Verwandtschaft rechnet Daphne Himmel und Erde.

Sie nimmt, stets gegen die Menschen, Partei für die zertrampelten Wiesen und die abgerissenen Zweige, und Strauss schließt sich ihrer Kritik an. Die „schweren Füße" karikiert er mit drei Posaunen und einer Tuba, die „harten Hände" mit Doppelgriffen auf den ersten Geigen, was erfahrungsgemäß ausreichend hart zu klingen pflegt. Sonst aber ist die Musik weich wie nur je in der Spätromantik, auf Wunsch des Komponisten „fließend" vorzutragen, voll dunkler, satter Farben und von samtenem Klang. Daphnes Sopran verströmt sich, aber nicht in langen Noten, sondern in Arabesken – siehe das Filigran der Natur. Und als er komponierte, hatte Strauss die schönste Daphne schon mit Augen gesehen.

Eine Oper muß länger dauern als einen Augenblick, und sei er auch so entscheidend wie der von Ovid geschilderte und von Gianlorenzo Bernini gemeißelte. Dort erreicht der junge Gott die vor ihm fliehende Frau in dem Moment, in dem sie aufhört, Frau zu sein, und sich durch Verwandlung in einen Lorbeerbaum allen Nachstellungen entzieht. Flucht, nicht zu verwechseln mit Ruhe auf der Flucht, sprengt jedoch den Rahmen einer Bühne oder sieht so aus, als spielten zwei Personen Haschen. Bei Joseph Gregor rennen deshalb die Hauptdarsteller nicht herum, sondern stehen ruhig da, wobei die deutsche Sprache es nur der Sopranistin nahelegen möge, auch noch wie angewurzelt dazustehen. Apollon soll weiterhin gut zu Fuß sein. Lorbeer, tröstet er sich, während ihm die Geliebte entwächst und zum Baum wird, sei so übel nicht, denn wenigstens schmücke er das Haupt des Mannes.

„Regisseur", könnte Strauss à la Schiller sagen, „ich habe das Meinige getan, tun Sie das Ihre". Aus einer Folge kleinster, gewissermaßen kriechender Intervalle entfaltet sich die Verwandlungsmusik zu üppiger Polyphonie. Nach vielen Sätzen gibt die menschliche Stimme nur noch Halbsätze, dann einzelne Worte und schließlich, als sei sie Holzblasinstrument geworden, einzig und allein den Vokal a von sich. Da wollen auch die Augen eine sagenhafte Verwandlung wahrnehmen, einen Leistungsnachweis der Bühnentechnik, einen Baum, der eine Frau war, und nicht irgendein Symbol als schlaue, faule Ausrede.

Auf den Trümmern großes Ballett

Der Feinschmecker, anspruchsvoll bis zum letzten, Freund der Nuance und der Andeutung, deswegen aber noch lange kein Verächter der Kantilene und des satten Klangs – ein solcher Verehrer musikalischer Geschmeidigkeit kommt auf seine Kosten, denn für seinesgleichen ist „Capriccio" komponiert worden. Er goutiert es, daß sich die Gräfin, ledig nicht nur am Anfang, sondern auch am Schluß der Oper, erotisch nicht festlegen mag. Er stört sich nicht daran, daß diese Herrin eines Schlosses bei Paris zwischen zwei jungen, ihr unebenbürtigen Männern zu wählen hat und nicht zwischen zwei Prinzen. Denn er durchschaut den allegorischen Charakter des Textbuches, das nur zum Schein von Nebenbuhlerei handelt, vom schmachtenden Komponisten Flamand und dem sich verzehrenden Schriftsteller Olivier. In Wirklichkeit geht es darum, wem im geistigen Leben Europas der Vorrang gebühre, der Musik oder der Dichtkunst. Es kostet den Feinschmecker keine Mühe, sich ein Theaterpublikum, ja Scharen von Abonnenten vorzustellen, denen kaum etwas so schnuppe ist wie dieses Problem. Richard Strauss jedoch findet es herrlich, statt des vollen Lebens endlich einmal des Gedankens Blässe vertonen zu können, zumal Clemens Krauss, von Beruf Dirigent, ein besseres Libretto zuwege bringt als hundert schreibende Routiniers.

Die Rokokogesellschaft, die der Hobbylibrettist auf die Bühne stellt, ist elegant und frivol und daher die Allegorie nicht langweilig. Und die Frage nach dem Vorrang wird der Feinschmecker mit einer im Textbuch nicht vorgesehenen Eindeutigkeit beantworten: Krauss ist gut, Strauss ist besser, der Text vorzüglich, die Musik superb. Daß sie oft auf stumpfe Ohren trifft, kann der Kenner sich denken. Es liegt daran, daß melodische Einfälle nicht fortgesponnen werden und daher keine Zeit haben, sich einem trägen Sinn mit der erforderlichen Aufdringlichkeit zu präsentieren. Strauss ist melodiös wie selten in seinem Leben, jedoch im Publikum auf flinke Ohren angewiesen. Langsame Aufnahmeorgane erzeugen den Eindruck, ihm sei nicht viel eingefallen. Ausgerechnet in einer solchen Oper singt ein Theaterdirektor, La Roche heißt er, das Hohelied der Bühnenwirksamkeit. Er kündigt ein Schauspiel über den Untergang Karthagos an, wobei seine Bühnen- und Lebensweisheit in dem Satz gipfelt: „Zum Schluß auf den Trümmern großes Ballett!" Womit er unter den wichtigen Themen das nächste anschneidet.

Der Feinschmecker hat sich Kenntnisse angeeignet – nicht der Kenntnisse, sondern der weiteren Verfeinerung seines Geschmacks wegen. Er weiß, daß Strauss sich für ein glänzendes Schlußlicht hielt, für den letzten Großmeister der deutschen Musik. Deren Herrlichkeit begann, als in Frankreich Flamand und Olivier um die Wette flirteten. Strauss, hoch in den Siebzigern, hatte aber nicht nur das Ende der E-Musik, sondern auch das eigene vor Augen, als er um 1941 von allen seinen späten Bühnenwerken das späteste komponierte. Müßte nun eine Oper, die an einem zweifachen Ende steht, nicht auch ein besonders brillantes eigenes Ende haben? Mit „Capriccio" wird diese Frage aufs stilvollste bejaht. Acht Domestiken betrachten die singenden Herrschaften aus der Kammerdienerperspektive, die so korrekt und so unorthodox ist wie musikalisch das ganze Oktett. Dann erscheint der Souffleur, Monsieur Taupe, Herr Maulwurf also, ein unentbehrlicher Wurm, den die Zuschauer und die Solisten vergessen haben, ein Tenor von erschütternder Stimmgewaltlosigkeit. Doch nicht er, der im Beruf nur flüstern darf, beschließt die Oper, sondern die große Liebe des Komponisten, die hohe weibliche Stimme, der leuchtende Sopran.

Zuvor aber huldigt Strauss seiner zweiten großen Liebe, dem spätromantischen Orchesterklang. Die Mondscheinmusik strömt breit und zärtlich dahin, aber sie funkelt auch, sie glitzert und sprüht, ein Stück von Eichendorffs Seele und Oscar Wildes Geist. Dann folgt der lange Sologesang, der dramaturgische Triumph des Individuums, als krönender Abschluß so wirkungsvoll wie nur je der geballte Einsatz des ganzen Ensembles plus Chor. Wie angenehm schon der Anblick dieser Gräfin ist! Ihr Stand schreibt ihr ein möglichst tiefes Dekolleté vor, ihr Jahrhundert einen Prachtbau von Perücke und ihr Librettist eine moderne Harfe, an der sie versonnen zupft. Die Weiberhelden unter den Opernschöpfern hätten wahrlich schon früher dahinterkommen können, wie gut einer Frau die

Harfe steht. Die Gräfin hält Zwiesprache mit sich, doch der Feinschmecker hört, wie sie ihre Stimmlage feiert, ihren Sopran, der jubelnd sich aufschwingt und graziös sich senkt, aus voller Brust tönt und mit spitzer Zunge. An der selbstkritischen Stelle „Du fandest es süß, schwach zu sein", hält sie das „süß" sehr lange, wird dabei aber leiser, um schnell und pianissimo das „schwach" hauchen zu können, bevor sie wieder zu einem Crescendo ansetzt. Eine Feinheit, eine von unendlich vielen.

Olivier soll eine Oper schreiben, Flamand sie komponieren und die Gräfin sich den Schluß ausdenken. „Den Schluß für ihre Oper", sinniert sie und fragt dann: „Gibt es einen, der nicht trivial ist?" Das sind ihre letzten Worte. Sie begeistern den Feinschmecker derart, daß er am liebsten aufspränge und schriee: „Ja, es gibt ihn, diesen da." Aber er muß still sitzen, damit alle hören, wie das Werk ausklingt, nämlich mit einer lakonischen Passage zweier Hörner. Das Horn. Auf ihm war ein Mitglied des Münchner Opernorchesters, der Vater des Komponisten, einst ein Meister gewesen. Kein Ende einer Kulturepoche könnte schöner, witziger sein. Aber es kommt noch ein leiser, ein leichter Streicher-und-Bläser-Akkord zu guter Letzt.

Rauhe Schale und kein weicher Kern

Wer Opern kennt, nur noch nicht „Die Liebe zu den drei Orangen", neigt zu der Annahme, Hunger und Durst seien damit nicht gemeint. Doch. Fürs erste schon. Warum auch sollte sich die Liebe des Herzens, die hier wie überall die Männerstimme in die Höhe und die Handlung vorwärts treibt, ausgerechnet über jene Südfrüchte ergießen? Nicht einmal als Fetisch eignen sich Orangen, denn sie sind verderbliche Ware. Sie entbehren auch der Erotik des Apfels, in den der Mann mit einem wunderschönen Nebengedanken hineinbeißen kann. Und schon sind wir da, wo Sergej Prokofjew uns haben will, nämlich auf der Sinnsuche. Wenn der Hans die Grete liebt, fängt kein Mensch zu philosophieren an. Wenn aber zu einer Musik von gepfefferter Kurzatmigkeit Unsinn verzapft wird, bekommt das Publikum auf Tiefsinn Appetit.

Für mentale Einübung sorgen die Plapperchöre des Prologs. Die Anhänger der tragischen Kunst fuchteln mit Regenschirmen, die Freunde der Komödie schwingen Peitschen, die Liebhaber der Lyrik kommen mit grünen Zweigen daher, während die Hohlköpfe Spazierstöcke schwingen. Regenschirme? Hm. Nun ja. Peitschen? Klar, ein scharfer Witz kann weh tun. Grüne Zweige? Sergej, paß bloß auf und werde nicht zu allgemeinverständlich! Spazierstöcke? Bravo, da haben die Nichthohlköpfe wieder etwas zu knabbern. Allerdings eilt die flotte Puzzle-Musik ihnen davon, denn sie hat noch manchen Nonsense zu untermalen, bevor sie den Jammertenor einholt, den Prinzen, der zum Kummer seines königlichen Vaters an Melancholie leidet.

Hier nun trifft Prokofjew, der sich nach einer uralten Commedia dell'arte von Carlo Gozzi den Text gezimmert hat, psychologisch dauernd ins Schwarze. Die Trübsal eines Herrensöhnchens wird weder durch den Tanz verscheucht, mit dem Truffaldino die Schnattermusik des Orchesters begleitet, noch durch einen Horrorfilmkampf etlicher Ungeheuer, und schon gar nicht durch eine soziale Wohltat wie die Aufstellung zweier Brunnen, aus denen Öl und Wein fließen. Der Prinz amüsiert sich erst, wenn jemand verprügelt wird, und sei es auch eine alte Frau, die Fata Morgana. Nicht einverstanden sein werden die Franzosen, unbeschadet ihres Verständnisses für Zuchtmaßnahmen. Der russische Komponist war zwar so frankophil, eine französische Übersetzung zu vertonen, doch betonte er „Fata morgana" wie ein Deutscher, also falsch, weil nicht auf der allerletzten Silbe. Halt! Vielleicht ist das kein Fehler, sondern ein Verfremdungseffekt, beliebt doch auch Prokofjew, die unsympathische Figur mit einem symphonischen Legato zu umspielen, das er netteren Personen vorenthält. Auf jeden Fall ist eine gedemütigte Hexe zu verstehen, wenn sie auf die tragende Idee kommt, ins Herz des Prinzen eine kuriose Liebe zu pflanzen, die zu drei Stücken Obst.

Natürlich geht die Sache gut aus, denn in der dritten Orange steckt die Prinzessin, die der Prinz heiraten wird. In den beiden anderen Orangen verbirgt sich ebenfalls holde Weiblichkeit, doch geht sie zugrunde, indem sie verdurstet. Es handelt sich um die tiefsinnigste Stelle des ganzen Stückes, um eine Frucht, nicht Zitrusfrucht, gehobenen Blödsinns. Unter den Rahmenbedingungen der Wüste gedeiht folgende Erkenntnis: Die Lösung des Problems verschärft das Problem. Versuche doch einmal ein Philosoph, diese Weisheit künstlerisch in Szene zu setzen! Während der Prinz im Wüstensand schläft, möchte der ausgedörrte Truffaldino Orangensaft trinken, einfach Orangensaft, doch statt des Labsals werden ihm Linette und Nicolette zuteil, die ihrerseits noch mehr Durst haben als er und binnen weniger Takte das Zeitliche segnen. Nach seinem Schläfchen wagt sich der Prinz an die dritte Schale und kriegt seine Ninette. Schon muß das Publikum um die beiden bangen – nicht nur ihres Durstes, sondern auch ihrer plötzlich romantischen Melodik wegen, wie sie in der Oper gern aufblüht, wenn die Lebenserwartung nur noch eine kurze ist. Doch lächerliche Personen, Les ridicules, bringen einen Eimer Wasser und stützen damit die These, daß ohne Flüssigkeit die seriöseste Gesellschaft nichts taugt. Woher in der Wüste einen Eimer Wasser nehmen? Allen, die dürsten, ist das egal, allen, die musikalisch sind, auch. Denn Prinz und Prinzessin sollen schmachten, nicht verschmachten.

Zum Schluß werden die bösen Menschen in irgendeiner Versenkung verschwinden, unter ihnen die Nichte des Königs, die mehrere Akte lang ihren Onkel zu ihrem Vorgänger machen möchte. Wäre ihr Liebhaber nicht ein solcher Schlappschwanz, würde er ihr zuliebe den Prinzen umbringen, entweder mit Gift oder mit der Kugel. Schlappschwänze haben ihre Vorzüge. Die Romanows mit ihrem Familienoberhaupt, dem Zaren, werden tatsächlich umgebracht, während Prokofjew sich um seine possierliche Phantasiemonarchie kümmert. Bei ihm siegt das Gute, und sei es in der gemäßigten Variante, daß die guten Menschen, zumindest die meisten von ihnen, den letzten Akt überleben. Von den bolschewistischen Zuständen, die 1917 einreißen, gilt das kaum. Gerade weil die Oper mit der modernen Zeit nichts zu tun hat, kommt sich Prokofjew mit seinen bewohnten Orangen sehr modern vor. Den Respekt der Kunst vor der Wirklichkeit hält er für altmodisch und erfindet in den Jahren grimmigen weltpolitischen Ernstes seinen größten Opern-Jux. Es spricht für dessen Qualität, daß die Revolutionäre damit nichts anfangen können. So begibt er sich mit seinem französischen Text und seiner kessen Musik in die Vereinigten Staaten, wo Theater-Prinzen geschätzt werden, und dirigiert die Uraufführung im unmonarchistischen Chicago.

Was ich verkaufte, gehört mir

*M*änner lieben ihre Geschöpfe, Väter ihre Töchter und Goldschmiede ihre Ringe und Halsketten. Alle Leute glauben, was im Hintergrund auch die Pariser Polizei denkt, daß nämlich Männer, die beides hervorgebracht haben, eine Tochter und etliches Geschmeide, an jener doch etwas mehr hängen als an diesem. Bei Cardillac, einer Koryphäe des 17. Jahrhunderts, ist das anders. Das erfährt der Offizier, der um die Hand der Tochter anhält, mit einem zähen Wortwechsel rechnet und zu seiner Verblüffung hört, er könne das Mädchen, aber bitte schön, auf der Stelle mitnehmen. Die Geschwindigkeit, mit der die Einwilligung erfolgt, begründet der Meister seines Fachs mit der Flatterhaftigkeit der Frauen, mit einem Makel also, von dem Juwelen frei sind. Nett ist es nicht gerade, diese Weisheit ausgerechnet dem künftigen Schwiegersohn mit auf den Weg zu geben, doch in Cardillacs Augen ist auch der Offizier nicht nett, will dieser ihm doch eine Kette abkaufen. Höchst ungern und am liebsten überhaupt nicht trennt sich der Kauz von seinen Meisterwerken, obwohl sie fürstlich bezahlt werden und oft auch fürstliche Gliedmaße schmücken.

Leider begreift weder die Bevölkerung noch die Pariser Polizei, daß Cardillacs Kunden Akte seelischer Grausamkeit verüben. In seine Goldkinder, in seine Edelsteinsprößlinge hat der Künstler alles gelegt, was gut und schön an ihm ist, seine Leidenschaft, seine Hochbegabung und seinen Perfektionismus. Hierauf werden sie ihm für lumpiges Geld weggenommen, verschwinden in Schatullen und hängen bestenfalls an einem Schwanenhals, wo er sie aber auch nicht mehr mit Blicken und Fingerspitzen liebkosen kann. Folglich holt sich der Goldschmied zurück, wovon er meint, es könne, dürfe und solle allein ihm gehören. Da aber mit dem, was sie bezahlt haben, die Käufer ungern wieder herausrücken, müssen sie beraubt und umgebracht werden.

Bedauerlicherweise gehen in Cardillacs Juwelierladen die Geschäfte sehr gut, weshalb es in der Stadt zu sehr vielen Morden kommt. Das erste Chorwort, das erste Wort überhaupt, das Paul Hindemith, der Komponist, in Töne faßt, lautet „Mörder". Dieses Wort hat es in sich, denn keiner sieht ihm an, ob es gerade im Plural oder im Singular steht. Das aufgebrachte Volk und hinter den Kulissen auch die Pariser Polizei gebrauchen es immer nur im Plural, wie denn die Choristen glauben, auch auf der Bühne wimmle es von Verbrechern. Alle halten Cardillac für ein Genie mit Durchschnittsseele. Er, der um den Singular weiß, mordet übrigens nicht gern. Die Taten und deren Geheimhaltung sind lästig, machen Umstände und rauben Zeit. Um sich zu schonen, rät er seinen Kunden, seien sie König oder künftiger Schwiegersohn, von einem Kauf dringend ab, kann aber den Herrschaften nie mitteilen, warum.

Sein Geheimnis gibt er erst preis, als der Mob und nicht die Polizei mit der unangenehmsten Fahndungsmethode droht, der Zerstörung der Werkstatt. Prompt wird Cardillac vom gemischten Chor getötet und von Ferdinand Lion, dem Librettisten, als Held bezeichnet. Hindemith verweilt gern bei der Vokabel „Held", wie er und Lion überhaupt etwas übrighaben für ihren Dauermörder. Dieser darf zwar nicht seinen Vornamen René tragen, immerhin aber den bürgerlichen Nachnamen, während der Offizier immer nur „der Offizier" heißt und die Tochter unentwegt „die Tochter", obwohl ihr E.T.A. Hoffmann in seiner novellistischen Vorlage den für deutsche Ohren samtenen Namen Madelon gegeben hat. Auch sonst will Hindemith es anders machen als die komponierenden Kollegen und schreibt 1925/26 eine grundsätzlich unpassende Musik. Ist unter den menschlichen Tätigkeiten die Betrachtung von Schmuckstücken nicht eine ausnehmend geruhsame und besinnliche? Wenn der König, natürlich ein namenloser und auch ein stummer, die Werkstatt besucht und somit in Todesgefahr schwebt, steht in der Partitur als Vortragsbezeichnung zwar „majestätisch", doch mit seinen Triolen und punktierten Achteln klingt das behende Orchester, als befinde sich Majestät auf der Hasenjagd. Wenn dafür die namenlose Tochter ihrem Offizier „in die Arme fliegt" und beide allen Grund zur Aufregung haben, dringt aus dem Orchestergraben eine der ruhigsten Passagen des Abends.

Lange vorher aber empfängt eine namenlose „Dame" in ihrem Schlafzimmer Herrenbesuch. Als Bestechungsgeschenk präsentiert der namenlose „Kavalier" einen Gürtel, der so groß und prachtvoll ist, daß

zumindest in den vorderen Reihen des Parketts der
richtige Gedanke aufkommt, es handle sich um eine
Arbeit Cardillacs. Niemand singt einen Ton, aber
unten im Orchester konzertieren zwei Flöten, die alles
ziemlich kalt läßt, auch die stumme Begehrlichkeit
oben, sei sie materiell oder sexuell. Während der sechs
letzten Flötentakte haben die begleitenden Streicher zu
schweigen, doch Hindemith versieht die eindeutigen
Pausenzeichen mit den Anweisungen „sehr ruhig" und
„ohne Dämpfer". Ein Fachsimpelwitz, über den nur
Musiker lachen. Wie aber vertont der Witzbold einen
Raubmord? „Die Musik setzt aus", befiehlt Hindemith. Durch das Schlafzimmerfenster schwingt sich
eine schwarz vermummte, schwarz maskierte Gestalt
auf die Bühne. Das Orchester muckst sich nicht. Die
Gestalt bemächtigt sich des Gürtels. Die Musik glänzt
durch Abwesenheit. Die Gestalt erdolcht den Kavalier.
Tiefe Stille, nur unterbrochen von einem damenhaften
Schrei in unbestimmter Tonhöhe. Gestalt und Gürtel
verschwinden durch das Fenster. Da hebt der Dirigent
die Arme und gibt einem ausgeruhten Orchester das
Zeichen für den nächsten Einsatz.

Angepaßter Außenseiter

*B*enjamin Britten war, gerade im Weltkrieg, prakti-
zierender Pazifist und dem Tenor Peter Pears jetzt
und später in engstmöglicher Freundschaft verbunden.
Daher sein Verständnis für Außenseiter und somit auch
für Peter Grimes, einen Fischer unter Fischern. Der ist
herzlich unbeliebt im Dorf und doch nicht willens, seine
Siebensachen zu packen, das Kaff an der englischen
Ostküste zu verlassen, zur See zu fahren oder andernorts zu fischen. Er wolle es ihnen zeigen, singt er zur
Begründung seiner Seßhaftigkeit, ihnen, den Chor-
mitgliedern, denen nur Reichtum imponiere, weshalb
er demnächst die größten Heringsschwärme fangen
und damit die unverschämtesten Gewinne erzielen werde. Er singt das aber so hastig, als glaube er selbst
kaum daran. Für diese Tenorpassage hatten zur Zeit
der Premiere im Jahr 1945 die Linksintellektuellen,
denen sich der Librettist Montagu Slater zugehörig
fühlte, schon längst eine Theorie parat. Die böse
Gesellschaft, erklärten sie, möchte auf Teufel komm
raus böse sein, weshalb sie der Einfachheit halber ihre
armen Opfer gleich selbst hervorbringe. Umgekehrt
bleibe Grimes, böse wie sie und als Außenseiter das
allertypischste Gesellschaftsprodukt, seinen geistigen
Ursprüngen unerbittlich verhaftet.

Die Deutung, recht betrachtet und genüßlich hin
und her gewendet, ist komischer als je Junker Bleichen-

wang bei Shakespeare. Du bist draußen, folglich drinnen; du bist dagegen, folglich dafür. Vom wahren Außenseitertum hingegen verstehen vor allem die Opernfans etwas, sind sie doch selbst Außenseiter, gerade sie. Ach, sie kennen den Ausdruck soliden Unverständnisses, der auf den pfiffigsten Gesichtern Platz greift, sobald sie erzählen, daß bestimmte Werke ihre Seligkeit sind, vielleicht sogar das eine oder andere von Benjamin Britten. Zwar werden sie mit ihrer Leidenschaft nicht unbedingt für plemplem gehalten, für ein bißchen abartig aber schon. Sie stellen sich vor, was auf der Bühne los wäre, wenn Peter von der Sehnsucht sänge, in London „Julius Caesar" von Händel zu hören. Keiner im Dorf verstünde mehr die Welt, die drei Akte lang jeder versteht, denn der Titelheld ist schlichten Geistes. Daß er im Wirtshaus das Wort „Plejaden" in den Mund nimmt, ist wohl nur ein Ausrutscher. Erst Jahrzehnte später wird der englische Komponist den ihm gemäßen Außenseiter finden, den deutschen Schriftsteller Gustav von Aschenbach. Kurz vor seinem eigenen Tod wird Benjamin Britten den „Tod in Venedig" von Thomas Mann vertonen.

Was ist bemerkenswert an diesem Grimes? Weder liest er, während die Netze trocknen, Rousseau im Urtext, noch schreibt er Gedichte, deren Verse sich nicht reimen sollen. Nein, er behandelt jugendliche Gehilfen schlecht, halbe Kinder, die derzeit, Anfang des 19. Jahrhunderts, am zweckmäßigsten aus dem Waisenhaus zu holen sind. Einer dieser Jungen verliert, wie auch immer, sein Leben, bevor die Oper beginnt, ein anderer stirbt im zweiten Akt, fast unter den Augen des Publikums. Als versierte Außenseiter stellen wir Opernfreunde an alle Individuen hohe Anforderungen und mißbilligen es, daß uns ein Fischer zugeordnet wird, dessen auffälligste Leistungen die blauen Flecken am Körper seiner Lehrlinge sind. Daß ein Knabe bei Grimes nichts zu lachen hat, mag noch hingehen, daß er aber bei Britten nichts zu singen hat, verschlimmert die Situation. Eine stumme Rolle entbehrt des musikalischen Adels, ist fast ein Ding wie ein Boot oder ein Tau, was wiederum den unschönen Drang der Regisseure erklärt, den Schweiger dauernd Prügel beziehen zu lassen, damit er wenigstens in der Passivität zum Menschen werde.

Für Grimes spricht, daß Ellen Orford ihn mag, die Lehrerin, nicht mehr taufrisch, in ihrer Zuneigung aber von starker Kantabilität und voller Nachsicht mit einem verschrobenen Kerl, der sie zwar heiraten will, aber bloß nicht bald. Wer Arien liebt, höre „Embroidery in childhood", wer Details schätzt, studiere das wiederholte „Hush, Peter", den Umgang eines schmiegsamen Soprans mit einem störrischen Kumpan. Gegen Grimes spricht, daß seine Verächter musikalisch hervorragend abschneiden, die Ensembles wie die Chöre. Als schwirrten vergiftete Pfeile, ertönt aus vielen Kehlen „Grimes is at his exercise", eine Phrase, die sich aus dem langgezogenen Heulton „Grimes" und dem trocken hingeworfenen Rest zusammensetzt und am besten mit „Grimes treibt's wie immer" zu übersetzen wäre. Die Gegner erzielen sogar in der Abwesenheit fulminante

Wirkungen, wenn sie hinter der Bühne immer wieder den Namen des Titelhelden rufen, von dem sie glauben, er sei auf dem Meer, während er doch in Wirklichkeit sich mitten auf der Bühne befindet.

Das Meer. Schon ist behauptet worden, es sei die Hauptperson – auch das kein Kompliment für den Titeltenor. Das Orchester malt die See in mehreren Zwischenspielen, von denen das erste das am meisten zitierfähige ist, weil die langgezogene, leicht gezackte Linie der hohen Violinen, die eingestreuten schnellen Klarinettenläufe sowie die majestätische Grundierung des Blechs sich zur prägnantesten Impression zusammenfügen. Wenn dann noch der Chor das Netz und den Kork besingt, entsteht zu Lasten des einzelnen Individuums ein Hauch von Ewigkeit.

Vor dem allerletzten Hauch rät Kapitän Balstrode, eigentlich ein menschenfreundlicher Mann, dem mißgelaunten Außenseiter zum Selbstmord auf hoher See. Wenigstens wird dieser empörende Rat, den Grimes auch noch befolgt, nicht gesungen, sondern nur knapp und knorrig gesprochen. Als kultiviertere Außenseiter nehmen wir Opernfreunde einfach an, der Komponist geniere sich.

Das Risiko ehelicher Treue

*L*ahme Worte für harte Fakten. Wenn geschossen wird und das Blut in Strömen fließt, wenn es um Tod und Leben geht, dann heißt das bei uns „Auseinandersetzung". Ist Mumm gefragt und Seelenstärke sowie ein Sieg über den inneren Schweinehund, dann kommt die deutsche Sprache mit der Vokabel „Herausforderung" daher. Und eine zum Himmel schreiende Tat, widerlich, gemein, brutal, findet einzig und allein in „Vergewaltigung" ihren Ausdruck. Wie angemessen roh klingt da nicht das englische „rape" mit dem rauhen Konsonanten am Anfang, dem grellen Diphthong in der Mitte und dem plumpen Verschlußlaut am Ende. Es ist verständlich, daß Übersetzer zögern, den Titel „The Rape of Lucretia" mit „Die Vergewaltigung Lucretias" wiederzugeben und lieber sinnentstellend formulieren: „Der Raub der Lucretia". Der Haken ist, daß unter den antiken Damen die schöne Helena geraubt wurde, unsere Römerin aber nicht einmal ansatzweise. Die Schandtat erduldet sie in ihrer Wohnung, ja sogar in ihrem eigenen Bett. Die philologische Ausflucht, gemeint sein könnte auch der Raub der Unschuld, überzeugt am allerwenigsten, denn die Titelheldin ist verheiratet, und zwar so gut, daß die Qualität der Ehe den Neid der Götter hervorruft.

Weil Lucretia eine Mustergattin ist, weil in einer laxen Gesellschaft eiserne Treue auffällt und ganz Rom eine Ehekrise ausschließt, wird ein solche erzwungen, aber nicht aus Liebesleidenschaft, sondern aus Lust und Laune. Tarquinius, der sich Prinz nennt, wird auf gewöhnliche Weise vom Sexus beherrscht, auf außergewöhnliche aber von dem Ehrgeiz, für unwiderstehlich gehalten zu werden. Da fehlt ihm nun Lucretia auf seiner imaginären Liste. Im Feldlager überbieten sich die parlierenden Kommandeure mit köstlichen Kurzmeldungen über weibliche Seitensprünge, was in Tarquinius den Entschluß reifen läßt, zur schwierigsten aller Eroberungen aufzubrechen. Oh, melodisch zweifelt er nicht an Lucretias Standhaftigkeit. Nein, er verteidigt ihren guten, ihren allerbesten Ruf, scharf kalkulierend, daß die Höhe der zu überwindenden Schwierigkeiten die Größe des Erfolgs markiert.

Er reitet nach Rom, betritt das Haus des im Feldlager verbliebenen Ehemannes, läßt sich bewirten und schleicht des Nachts zum Schlafzimmer der schönen Frau. Solcher Liebreiz, philosophiert er, sei niemals keusch. Typisch, dieser schäbige Versuch, zur Rechtfertigung des geplanten Verbrechens dem Opfer eine Mitschuld anzudichten. Untypisch aber ist die Musik dazu, denn Benjamin Britten komponiert nicht die Niedertracht, sondern die Sehnsucht, die pochende Erwartung, die im Keim vorhandene Zärtlichkeit. Auch ein Bariton mit landesüblicher Lüsternheit, aber ohne jede kriminelle Absicht, könnte sein mehrfaches „Wake up" nicht anrührender singen. Wie auch der Sopran sein mehrfaches „Sleep on" nicht harmonischer, nicht verständnisinniger intonieren könnte. Läßt sich da Lucretia im Schlaf vernehmen, im Traum vielleicht? Nein, der weibliche „Chor" ist es, vertreten durch eine einzige Stimme, denn diese Oper wartet mit ästhetischen Feinheiten auf, die Britten und den Textdichter Ronald Duncan noch etwas mehr interessiert haben als Schuld und Sühne.

„The Rape of Lucretia" ist eine Oper für 21 Künstler – für acht Sänger, zwölf Instrumentalisten und einen Dirigenten, der auch Klavier spielen muß. Dem Verwaltungsdirektor von Covent Garden sollte eine Nase gedreht werden: Siehst du, mein Lieber, wir komponieren für ein Opernhaus, das so wenig Geld hat, daß es unseretwegen Wagner und Verdi im Stich läßt. Ohnehin kommt jeder Flötist auch mit der Pikkoloflöte zurecht, jeder Oboist mit dem Englischhorn, jeder Klarinettist mit der Baßklarinette und jeder Pauker mit Becken, Gong und Tamburin. Nicht nur fünfzig Tutti-Spieler sind Streicher, sondern auch die fünf Damen oder Herren eines Streichquartetts plus Kontrabaß. Und wozu ein Chor? Was er zu melden hat, kann auch ein Individuum artikulieren, das nahezu unentbehrlich wird, sobald der Ritt nach Rom auf die Bühne gebracht werden muß. Jedem wahren Reiter, jedem echten Roß erweist sich der Erzähler da als überlegen. Und weil wir die Sparsamkeit nicht übertreiben, treten sogar zwei Sänger auf, die sich „Chor" nennen, ein Solotenor und ein Solosopran.

Womit Britten nicht gerechnet hatte, geschah nach der Uraufführung im Jahre 1946. Kaum jemand vermißte das klassisch-romantische Opernorchester, denn

Klangfülle erzeugte auch das streichende, blasende und schlagende Dutzend. Kaum jemand beschwerte sich darüber, daß Tarquinius nach uraltem Theaterrezept das Licht ausblies, bevor er Lucretia vergewaltigte. Kaum jemand regte sich auf, daß dieser Tarquinius nicht zur Rechenschaft gezogen wurde, vielmehr Lucretia es war, die immerzu von „shame" sang und sich schließlich entleibte, kaum jemand auch, daß Collatinus, der Gatte, vergessen und vergeben wollte – das heißt nicht etwa Tarquinius vergeben wollte, sondern seiner schuldlosen Frau. Es waren eben Zustände wie im alten Rom, 500 Jahre vor Christi Geburt. Vor! An das Christentum selbst aber hätte nicht erinnert werden sollen, fanden etliche Zuhörer und verübelten es dem Ein-Mann-Chor, daß er zum Schluß behauptete, Jesus sei auch für uns gestorben, habe den Tod bezwungen und jede Reue mit Vergebung vergolten. Vollends des Guten zuviel war eine Bitte um Hilfe, gerichtet an die Gottesmutter Maria. Britten, der sich endlich einmal nichts Böses gedacht hatte, wunderte sich darüber, daß die Welt noch zu schockieren war. Aber nur mit Frömmigkeit.

Endlich werden Männer schwanger

D a sitzt einer an einem gedeckten Tisch und hat
vier Hände, damit er mit Messer und Gabel
essen, gleichzeitig aber eine Flasche halten und ein
Stück Brot zum Mund führen kann. Außerdem hat
René Magritte ein Interieur gemalt, die „persönlichen
Werte", zu denen ein Kamm zählt, der länger als das
Bett ist, und ein Rasierpinsel, der seiner Übergröße
wegen auf dem Kleiderschrank liegt. Derlei muß sich
geistig vor Augen halten, wer optisch auf die Brüste
von Thérèse alias Tirésias schielt. Sie gehören, wie die
Dinge und die Sänger, zum Inventar des Surrealismus.
Wer da eine folgerichtige Handlung erwartet, ist schon
auf dem falschen Dampfer.

Was ist eine Wiege? Bei Guillaume Apollinaire,
dem Textautor, ein Möbel, in das zerrissene Zeitungen
geworfen werden. Es steht auch nicht im Kinderzim-
mer, sondern auf einem öffentlichen Platz der Hauptstadt. Vielleicht sind wir aber gar nicht in Paris, sondern auf Sansibar. Der Schauplatz ist ein Streitpunkt in
der Oper selbst, doch ohne Bedeutung für das Publikum, dem es auch gleichgültig sein kann, ob Verdis
„Maskenball" in Schweden oder in den Vereinigten
Staaten spielt. Für Sansibar spricht die häufigere
Erwähnung dieser Insel, dagegen spricht ein patrioti-
scher Umstand. Sansibar stand, als Apollinaire dichtete,
unter britischem Protektorat, was sich von Paris nicht

behaupten läßt. Sollte nicht die mehrheitliche Hautfarbe ein Indiz sein? Ach was, die kann sich bei jedem Akteur verändern, sie und das Geschlecht.

Wir sind von der Frage abgekommen, was eine Wiege sei. Selbstverständlich ein Aufenthaltsort für Neugeborene. Ihr entspringt denn auch als schönstes Beispiel für die Zeitrafferqualitäten des Musiktheaters ein achtzehn Jahre alter Journalist, im Nu gezeugt und binnen weniger Takte großgezogen von einem Strohwitwer, der den zerfetzten Zeitungen viel Tinte, einen Federhalter, einen Leimtopf und eine Schere hinterhergeworfen hat. Schließlich soll der Sproß nicht Kapellmeister oder Verleger werden, sondern Reporter und Kommentator. Die Requisiten verraten, daß es sich um eine steinalte Oper handelt, uraufgeführt 1947 (in Paris und nicht auf Sansibar). Tinte für das Blut! Federhalter für das Rückgrat! Heute könnte der Strohwitwer einfach einen PC in die Wiege werfen und Francis Poulenc dazu einen noch schnelleren Gesang komponieren. Diese Anmerkung zur Altertümlichkeit des Berufsbildes bitte als Retourkutsche verstehen! Behauptet doch der werdende Vater, Journalisten brauchten die Zunge oder die Sprache, um zu geifern.

Der Wiege entsprungen, verlangt der Sohn – so wirklichkeitsnah ist der Surrealismus – Taschengeld. Bei dieser Gelegenheit erpreßt er den gewordenen Vater mit der Drohung, sich journalistisch mit dessen Liebesleben zu befassen. Was aber meint er mit „triplement enceinte"? Bei der dreifach schwangeren Braut des Vaters handelt es sich offenbar um ein ähnliches Wesen wie beim vierhändigen Tischgast von Magritte. Sage jetzt bloß niemand, gemeint seien Drillinge. Denn dann wäre es, siehe die Erpressung, ethisch kompromittierend, mehreren Embryonen ein Vater sein zu wollen. Halt, wir sind zu logisch. Nur soviel noch: In dieser demographisch bedeutsamen Oper wäre die Kinderzahl drei vernachlässigenswert. Warum das so ist, sollte jetzt erklärt werden, doch haben wir hoffentlich gelernt, entweder von Magritte oder von Apollinaire, daß Erklärungen am besten zusammenhanglos erfolgen. Nur der Komponist tanzt aus der Reihe, indem er auf Übereinstimmung von Sinn und Sang achtet.

Denn Poulenc schreibt andauernd eine passende Musik. Der Erinnerung an die angebliche Heirat mit einer dreifachen Mama wird eine zügige und zärtliche Melodie zuteil. Gerade eben erst hat die Vorstellung begonnen, da triumphiert schon Thérèse, die Titelfigur, die sich trotz ihrer Titelbrust und ihres eindeutigen Soprans in einen männlichen Tirésias verwandeln wird, da jubelt also die Gattin des bereits erwähnten späteren Strohwitwers: „Je suis féministe." Ein stets das Gegenteil vertonender Poulenc hätte diesem Bekenntnis sowie der Ankündigung, den Mann sausen zu lassen und selbst einer zu werden, einen erdenschweren Trauermarsch unterlegen können. Aber nein, Thérèse singt, wie nach Meinung männlicher Zuschauer Frauen in solchen Momenten singen: rasch, frech, nachdrücklich, herausfordernd, ein wenig giftig, aber gut gelaunt. Wenn sie nun nach der zweiten Geschlechtsumwandlung wieder als Thérèse zu ihrem Mann zurückkehrt,

hat sie dann ein Spottlied auf den Lippen? Im Gegenteil, sie schmilzt dahin. Zwar bewerkstelligt sie auch
dies in bewährter, flotter Manier, denn Poulenc glänzt
als Chansonkomponist, doch sie schmilzt.

Zuvor freilich hat der Gatte eine Unmenge Kinder
nicht nur gezeugt, sondern auch zur Welt gebracht.
Befragt, wie er diese Aufgabe schultere, verweist er auf
seinen starken Willen. Kinder quellen aus dem Orchestergraben, wo vorher, nachher und zur selben Zeit
seriöse, symphonische Personen bei der Arbeit sind.
Eine Intendanz, die alle Kinderchöre der Republik
engagierte, hätte den Sinn des Stückes begriffen. In den
Kehlen setzt sich die Meinung durch, daß Kinder
Reichtum bedeuten, wie denn Thérèse einem nach-
wuchslosen Gendarmen prophezeit, er werde im finanziellen Elend sterben. Das Schlußensemble eignet sich
für Opernaufführungen und – unmusikalische Leute,
bitte herhören! – für den Ausklang familienpolitisch
ausgerichteter Parteitage. Die Musik ist so angelegt,
daß Vorsitzende solo singen können und die Delegier-
ten im Chor. Der Text ist ganz einfach, gewissermaßen
babyleicht, und erschöpft sich in der Aufforderung,
Kinder zu zeugen.

Vom Leierlatein zum Lustschrei

Dies und jenes hatte Carl Orff schon komponiert, als er Anfang Vierzig war und erklärte, jetzt mache er sich an das erste seiner gesammelten Werke. Die schöpferische Spätzündung war ein Bombenerfolg, obwohl 1937 nicht jeder wußte, was „Carmina burana" heißt, und selbst der Komponist sich hatte erkundigen müssen, ob das Wort „buranus", offiziell das Adjektiv zu Benediktbeuern, vielleicht noch eine unanständige Nebenbedeutung habe. Entdeckt wurde keine, doch wimmelt es in dem Werk von Vokabeln, die ein an Cicero geschulter Geist nicht zu kennen braucht. Oder weiß jemand, was „garcifer" bedeutet und was „dapifer"? Gemeint sind der Küchenjunge und der Truchseß, doch ist, wer solche Fragen stellt, höchstwahrscheinlich unmusikalisch, weil noch nicht mitgerissen von den Ostinati einer harmonisch braven, melodisch gassenhauerischen, instrumental gepfefferten und rhythmisch elementaren Musik. Manchmal klingt das Latein etwas unlateinisch. Dann ist der Text eben mittelhochdeutsch, wie denn die Vagantenlyrik dem modernen Hörer auch zwei oder drei altfranzösische Verse unterjubelt. Die Idiome wechseln, ebenso die gröbsten Effekte und die zartesten Farben.

Gerne läßt der Genießer weitere Fragen offen, zum Beispiel die, ob das Werk eine Oper sei, ein Ballett, eine Kantate oder ein reichlich irdisches Oratorium.

Carl Orff

Für Oper spricht die Falsettstimme, mit der im Wirtshaus ein gebratener Schwan auftritt. Er gedenkt des Küchenjungen, des Truchseß und der menschlichen Zähne, die seiner harren. Es handelt sich um eines der besinnlicheren Stücke, dem gleich wieder ein beschauliches folgt, die Nachäffung eines psalmodierenden Abtes. Schon aber ist der Männerchor da, brüllt den falschen Abt nieder und zählt stampfend und hämmernd auf, wer nicht alles auf dieser schönen Erde trinkt. Bei Licht besehen jeder. Absolventen naturwissenschaftlicher Gymnasien bekommen endlich eingebleut, was „bibit" bedeutet. Typisch Oper? „Bibit velox, bibit piger, bibit albus, bibit niger" und ähnliches „Leierlatein" (Orff) ist typisch Oper und typisch Konzertsaal. Aber schon sind wir nicht mehr im Wirtshaus, sondern am „Cour d'amour".

Alles ist kurz und knapp und geht ruck, zuck, so daß die wo auch immer aufgeführten Carmina burana nach etwa 60 Minuten zu Ende sind. Für einen theatralischen Abend ist eine Stunde eine Stunde zuwenig. Das also hat der Mensch davon, daß er auf Weitschweifigkeit verzichtet. Der Mensch komponiert aber nicht, damit er mit einem anderen Komponisten den Abend, die Publikumsgunst und das Honorar teilt. „Es muß das Zeug abendfüllend sein", schrieb seinerzeit Orff in einem Privatbrief, unterstrich das mit a beginnende Wort und merkte bald, wie schwierig das sein werde. Das hat der Mensch davon, daß er ein Werk sui generis schuf. In seiner Not schafft der Mensch ein zweites Werk sui generis, das gerade deshalb mit dem ersten

nicht sehr gut zusammenpaßt, mögen beide Titel auch
ein Klammerwort aufweisen.

„Catulli carmina", die Lieder des römischen Dich-
ters Gaius Valerius Catullus haben mit der mittelalterlichen Vagantenpoesie der Benediktbeurer Handschrift
im Grunde nur die Eignung für den Bücherschrank
gemeinsam. Nicht in leierlateinischen, sondern in klassischen Formulierungen pflegt Catull seine unglückli-
che und daher wortreiche Liebe zu Lesbia, die leider
nicht lesbisch ist, sondern ihn mit einem Mann namens
Caelius betrügt. Orff, ganz Humanist, verwendet den
Ausdruck „ludus scaenicus", was einer Überantwor-
tung aller Carmina an die Opernhäuser gleichkommt,
doch sein dichtender Tenor hat trotzdem keine Lust,
fetzig den Sex und den Suff zu feiern, wo er doch leidet
und mit einer sang- und klanglosen Ameana nur aus
Trostlosigkeit anbändelt. Dem Burana-Stil nähern sich
in einem Vorspiel mehrere Pianisten, viele Schlag-
werker und der gemischte Chor, der Sachen sagt, die er
1943 auf deutsch nie und nimmer hätte sagen dürfen.
Überhaupt ist es gut, wenn Schlüpfrigkeiten altphilolo-
gisch versteckt werden. Oder versteht jemand die
Soprane mit ihrem „O tua mentula, mentula, mentula"?

Bei „Catulli carmina" urteilten die Leute: „Aha.
Mhm. Na ja. O doch. Trotzdem: Nichts geht über Carmina burana." Dieses Urteil erhärtete sich bei „Trionfo
di Afrodite", obwohl der Orchesterapparat wieder
konventioneller ist und aus dem Brautgemach ein langer Spitzenton dringt, den Musikwissenschaftler für
einen Lustschrei halten. Nach dem Krieg hätte Orff

abermals gesammelte Werke anfangen können, denn jetzt, 1953, ist sein Leib-und-Magen-Stil rezitativisch. Obwohl eine griechische Hochzeitsfeier mit römischem Liebeskummer wenig und mit altfränkischem Überschwang kaum etwas gemein hat, subsumiert der Komponist das alles der Abendfülle wegen unter dem italienischen Obertitel „Trionfi". Im letzten Teil des Triptychons zieht er neben Catull auch Euripides und dessen Kollegin Sappho heran und wird sich, einmal Humanist, immer Humanist, Spielzeit für Spielzeit darüber wundern, daß Sänger und Choristen vor einer Berufsausübung auf griechisch zurückschrecken. Vielleicht denkt er, sie sollten ihm dankbar sein, daß er nicht auch noch hebräische Passagen vertont, wozu das Alte Testament sich anböte.

Dennoch machten sich die „Carmina burana" wieder selbständig, drehten den beiden anderen Schöpfungen eine lange Nase und wurden ohne Triumph-Etikett ein Renner. Werden alle drei Werke gespielt, geschieht das in der Reihenfolge ihrer Entstehung. Besser wäre es, mit Aphrodite zu beginnen und mit Benediktbeuern aufzuhören, lauthals zu erklären, die Weltgeschichte bestimme die Reihenfolge, insgeheim aber zu murmeln, das zugkräftigste Werk gehöre an den Schluß.

Weihnachtliche Apfelbaumblüte

Augenzeugen sahen, wie der Rotwein durch die Kehle rann. So zart war die Haut der Agnes Bernauer. Diese spätmittelalterliche Beobachtung seinem Text einzuverleiben, ist Carl Orff leichtsinnig genug. Als Darstellerin braucht er nun wohl die schöne Helena persönlich. Ohnehin benötigt er ein weibliches Prachtexemplar, dessen Ausstrahlung alles verständlich macht, alles. Ein Mädchen bürgerlicher Abkunft verführt den Sohn des Herzogs von Bayern nicht nur zu zwei, drei Schäferstündchen, sondern darüber hinaus zu einer seelenvollen, wenngleich vom Münchner Hof mißbilligten Eheschließung. Vielleicht weiß der heutige Zuschauer nicht, daß im 15. Jahrhundert ein hochadeliger junger Mann nur unterhalb der Gürtellinie tun und lassen konnte, was er wollte, weiter oben aber zu bedenken hatte, ob seine Hochzeit politisch weise sei, zumal in Bayern, das damals dreigeteilt war wie einst Gallien bei Caesar. Hat der Zuschauer es aber einmal begriffen, wird er, wenn schon nicht den Rotwein, so doch eine Frau besichtigen wollen, die in der Kunst, den Männern den Kopf zu verdrehen, einsame Spitze ist.

Da der Opernfan nicht ungalant ist, nimmt er gemeinhin den Willen für das Werk, genauer die Stimme für den Körper. Sind nur die Töne rund und richtig, ist es ihm beinahe gleichgültig, was ein weites, wallendes Gewand zu verbergen hat. Trotzdem dürften unter den

Carl Orff

Damen vom Sprechtheater die Agnes-Erscheinungen
etwas häufiger sein als unter Sopranistinnen. Bei Orff,
dem Schlaumeier, liebt und leidet deshalb eine Schau-
spielerin, die nicht singt, sondern redet und erst gegen
Ende eine überaus leichte melodische Floskel zu intonieren hat. Spätabends und nicht früher bedient sich
auch Albrecht, der fürstliche Liebhaber, musikalischer
Mittel, deren äußerste Einfachheit tief unter der Würde
eines gestählten Heldentenors lägen. Während die paar
Noten für Agnes noch im herkömmlichen Violinschlüs-
selsystem untergebracht sind, kommt der schmer-
bauchlose Albrecht wie das eine oder andere Schlagzeug mit einer einzigen Linie aus, ist doch die Tonhöhe
gleichgültig und nur der Rhythmus von Belang. Wie
Vögel auf dem Draht sitzen außerdem die Notenköpfe
der fünf Hexen, die zur Abwechslung männlichen
Geschlechts sind und zuständig für einen nicht büh-
nentauglichen Vorgang. Sie schildern, wie die zum Tod
verurteilte Agnes von einer Brücke in die Donau
geworfen und dort unten mit einer Stange solange in
die Fluten gedrückt wird, bis ihr Leben erlischt.

Es sind dies fünf Glanznebenrollen, die jedoch am
eindrucksvollsten waren, als der Dichterkomponist in
Person die Abstraktion der Hinrichtung noch abstrak-
ter machte, indem er den eigenen Text vortrug und den
Rhythmus dazu mit seinen zehn Fingern auf einen
Küchentisch schlug. Ausnahmsweise stehe in diesem
Buch ein stolzer Satz in der ersten Person Singular: Ich
habe es noch erlebt, wie Carl Orff, geboren 1895, im
Münchner Cuvilliés-Theater mit fester Greisenstimme

„Die Bernauerin" rezitierte. Ein wissender Mund und
zehn agile Finger gestalteten das Operndrama. Denn
trotz vieler Sprechrollen handelt es sich um eine Oper.
Dafür sorgt der gemischte Chor, der anfangs in seiner
ganzen geschlechtlichen Gemischtheit im Bottich eines
Augsburger Baders Platz nimmt, des alten Bernauer.
Beim Bader, der nicht auf der Bühne, jedoch in der
Kulturgeschichte auch frisierte und Zähne zog, wurde
eben ganz gern gebadet. Wer sich nun wie Tochter
Agnes mit Körperpflege beschäftigt, kommt nicht
umhin, die zu pflegenden Körper besser kennenzuler-
nen, als das einem künftigen herzoglichen Schwiegervater lieb sein kann. Die herzensgute Agnes stammt
also aus nicht ganz stubenreinen Verhältnissen, denen
der Regisseur nicht noch obendrein einen Anstrich von
immerwährendem Gruppensex geben sollte, weil dann
der Zuschauer, der mehrmals animiert wird, Herzog
Ernst als den Verfasser des Tötungsbefehls zu verab-
scheuen, für dessen Fundamentalkritik an Albrechts
Ehe plötzlich ein wenig Verständnis aufbringen könnte.
 Für den Opercharakter sorgt ferner eine riesige
Rhythmusgruppe, genannt Orchester, die so eingesetzt
wird, daß der Schöpfer seine Schöpfung nicht verleug-
nete, wenn er sie instrumental auf seine bloßen Hände
reduzierte. Orff setzt konventionelle Streicher, konventionelle Bläser sowie ein Arsenal von Schlagwerkzeu-
gen ein. Oho, es bleibt nicht bei Becken, Pauken und
europäischen Trommeln. Ein Metallophon sowie das
größte handelsübliche Xylophon müssen her, dazu
Zimbeln und eine afrikanische Schlitztrommel. Von

den Handkurbelratschen reden wir schon gar nicht, wohl aber vom Steinspiel, vom gewöhnlichen Stein als Diskus und damit als Musikinstrument. Und mit einer solchen Batterie erzeugt Orff manchmal Sphärenklänge. Wohl hämmert das Schlagzeug auf die Ohren ein, doch kurz danach kitzelt es sie mit einem winzigen Tupfer.

Ein Schauspiel mit Chor und Orchester ist entstanden und damit eine originelle Operngattung, die als solche kaum wahrgenommen wird. Der Stoff trägt keine Schuld daran, denn liebende Frauen, die zu ihrem Mann in jeder Hinsicht passen, nur in einer nicht, entzücken noch im Tod so gut wie jedes Publikum. Die Simplizität des Melos irritiert ebensowenig, wohl aber der Umstand, daß Orff sein Werk mit hundertfünfzigprozentigem Recht „ein bairisches Stück" nennt. Während der Dialektorgien verlieren selbst Oberbayern zuweilen den Faden. Der herrlichste, der poetischste Satz sei dennoch zitiert, weil mit ihm ein uralter, sinnierender Mann das Wunder der Liebe trifft: „Amal, da ham in der Christnacht d'Äpfelbaam blüaht."

Nach der Tante die Nichte

Penelope wartet auf Odysseus, Solveig auf Peer Gynt und Vanessa auf einen gewissen Anatol. Männer haben und lesen es gern, wenn Frauen einem Mann zuliebe ein halbes Leben lang warten. Samuel Barber, der Komponist, und Gian Carlo Menotti, sonst auch Komponist, hier aber Librettist, sind Männer gewesen. Ihre Vanessa wartet länger als 20 Jahre. Sie wartet komfortabel, mit Majordomus und Personal, aber ohne Rolls-Royce und TV, die noch nicht erfunden sind und in dieser amerikanischen Oper erst eine Rolle spielen könnten, wenn Vanessa noch weitere Jahrzehnte sich gedulden würde. Warten ist nicht bühnenwirksam. Es bedeutet Desinteresse an einer Gegenwart, die zu beäugen der Zuschauer im Theater Platz genommen hat. Eine wartende Vanessa zu erschaffen, die nichts als wartet, hätten Menotti-Barber nie gewagt. Ihre Titelfigur beteiligt sich deshalb an der Zusammenstellung eines Menüs und erklärt dem Majordomus, Fasan hänge ihr zum Hals heraus, sie wünsche Ente. Dabei wäre 1958 der Opernbetrieb der Met für ein Ei des Kolumbus gerüstet gewesen, etwa für dieses: Vanessa tut nichts anderes als warten. Das Publikum aber überträgt seine Aufmerksamkeit von ihr auf das Orchester im Graben, das eine Symphonie spielt oder zumindest Samuel Barbers populärstes Stück, das Adagio aus seinem Streichquartett.

Die beiden Autoren jedoch zeigen das äußerste Ende der Wartezeit und damit eine schon weniger wartende als erwartende Vanessa. Wenn sich Anatol endlich blicken läßt, kehrt sie ihm den Rücken und singt ins Publikum. Brava! Unsere italienischen Freunde haben völlig recht mit ihrer Meinung, Solisten gehörten an die Rampe. Der Sopran will den Dirigenten sehen und nicht den Tenor, vor allem dann nicht, wenn dieser einen halben Kopf kleiner ist. Dem hinter ihr stehenden Ankömmling schildert Vanessa, was warten heißt: Kaum atmen, damit das Leben keine Spuren hinterlasse, damit es nicht verändere, was einst geliebt worden sei. Wenn er sie nicht mehr liebe, singt sie, solle er auf der Stelle verschwinden. Anatol bleibt auf der Bühne, doch ist er der falsche Anatol, der Sohn des richtigen.

Große Aufregung, die sich jedoch im zweiten Akt gelegt hat. Denn aus dem falschen Anatol wird einer, der noch richtiger ist als der ursprünglich richtige. Vanessa heiratet ihn, obwohl oder weil er ein Filou ist. Auf seinen ersten Seitensprung müßte das Publikum nicht lange warten, wäre „Vanessa" die Oper einer Ehe. Da aber Menotti-Barber zwei Frauen warten lassen wollen, dreht sich die Handlung immer mehr um die Nichte, um Erika, deren Gesang den Beweis dafür liefert, daß „Aunt Vanessa" aus irgendeinem Grunde besser klingt als „Tante Vanessa". Bevor die Tante Muße findet, sich in Anatol junior zu verlieben, hat die Nichte mit ihm eine Liebesnacht und diese eine nicht unübliche Folge. Erika treibt ab und pocht auf das

244

Recht einer jeden Frau, eines Mannes zu harren, für
den sie Liebe empfindet und nicht nur Haßliebe. Nach
der Abreise des Ehepaares läßt sie im früheren Vanessa-
Stil alle Spiegel verhängen und beginnt ihrerseits zu
warten. Der Zuschauer merkt, daß sie sich auf längere
Fristen einstellt. Ihr letzter Einsatz lautet: „Now it is
my turn to wait." Die Harfe bringt ihre letzte Triole.
Die Oboe bläst morendo ein „h". Der Wirbel der großen Trommel schwillt von Pianopianissimo zum Pianissimo an und verebbt wieder zum Pianopianissimo. Der
Vorhang fällt zu einer stillen Orchesterfermate.

Der feinfühlige Opernfreund erkennt die Symme-
trie. Die Tante wartet vor dem ersten, die Nichte nach
dem letzten Akt. Feinfühligkeit führt jedoch zu dem
Wunsch, über Dauer und Erfolg der zweiten Warterei
ebensoviel zu erfahren wie über den Ausgang der
ersten. Wurde dem Wälzer „Vom Winde verweht" eine
Fortsetzung zuteil, verdiente die Oper „Vanessa" erst
recht eine. Sie müßte „Erika" heißen und nebenher ein
Anlaß sein, deutschen Anglomanen beizubringen, daß
sie nicht „Ihraikä" sagen, sondern ruhig unsere Erika-
Vokale verwenden sollen. Erikas musikdramatische
Verwendungsfähigkeit liegt in der Tiefe ihres Charak-
ters begründet. Über die Attraktivität fleischfressender
Pflanzen, männermordender Luder und verhängnis-
schwangerer Hyänen braucht kein Wort verloren zu
werden, doch die wahre Domäne der Oper ist und
bleibt die Darstellung der schönen und womöglich
schuldbewußten Seele. Auf dem Sprechtheater hat sie,
weil langweilig, wenig verloren, doch in der Oper blüht

sie auf, am besten in der Kantilene, und wenn nicht dort, dann in der Orchesterbegleitung. Erika könnte noch einmal Anatol begegnen, der ihr im letzten Akt gesagt hat, vielleicht werde sie zu lächeln gelernt haben, wenn er sie wiedersehe. Tiefsinnig hat sie erwidert, sie hoffe, daß er es sei, der bei ihrem Wiedersehen immer noch lächle.

Selbstverständlich vergafft sich ein ernstes Gemüt lieber in einen Luftikus als in einen weiteren Ausbund an Solidität. Mit leichtem Sinn bringt Anatol junior in seine Beziehungen jene Bitterkeit, die er gutgelaunt thematisiert, indem er singt, Liebe habe nun einmal einen bitteren Kern. Besser jedoch, Erika würde von einem dritten Anatol erlöst, zumal sie schon in „Vanessa" sibyllinisch behauptet, sie liebe einen Mann, der dem zweiten gleiche. Doch aus dem Grabe heraus kann Samuel Barber die Oper „Erika" nicht mehr komponieren. Ein Barber II müßte her, ein Meister des Small talk wie Samuel. Da wird das Publikum aber lange warten können.

Schlecht ist gut genug

Spät, sehr spät, womöglich zu spät wird das Musik-theater von der Philosophie erfaßt, und zwar von der richtigen, der schwer zu verstehenden. Ein Haus-lehrer lehrt, daß die Welt, in der wir schlecht und recht leben, die beste aller möglichen Welten sei. Eine These von Leibniz. Wer seiner Sache sicher ist, lehrt in gra-vitätischem, wer ihrer, wie dieser Pangloss, noch siche-rer ist, in fetzigem Rhythmus. Einwände sind willkom-men, weil deren prompte Widerlegung die eigene Überzeugung festigt. Erster Einwand: die Schlangen. „Snakes", trompetet Pangloss und weist nach, daß ohne die Schlange, die Eva im Paradies verführte, der Glaube nicht entstanden wäre. Den zweiten Einwand bringt Candide vor, kein Heldentenor wie Parsifal, son-dern dessen lyrische Variante, und eine reine Seele, wie schon der Name sagt. Was ist mit dem Krieg? „War", posaunt Pangloss, erzeuge Gefahr, Gefahr aber verbinde, weshalb sich die menschlichen Beziehungen verbesser-ten. Candide glaubt es gern.

Seine Lebensgeschichte, im 18. Jahrhundert verfaßt von Voltaire, ist ein extrem unterhaltsamer Roman. Alle Scheußlichkeiten dieser Erde kommen darin vor, aber nur, damit der Autor sich über den Lehrsatz des Leibniz lustig machen kann, diese unsere Welt sei die beste aller möglichen. Um den Satz ad absurdum zu führen, jagt der große Zyniker den zarten Helden um den halben Globus und durch alle Höllen dieses Lebens. An Leibniz kratzt Voltaire trotzdem nicht. Die Identität von bestmöglicher und miserabler Welt ist ja gerade der Witz, der Pfiff, der philosophische Reiz jener widerborstigen These.

Stächen die Bienen nicht, wären sie keine Bienen und gäben keinen süßen Honig, singt Pangloss bei anderer Gelegenheit und rechtfertigt damit den Bienenstich. Hätte ich nicht Syphilis, fügt er hinzu, hätte ich nicht die süße Liebe kennengelernt. Er schildert seinen Krankheitserreger und dessen bisherige Weltreise – ein musikalischer Kommentar zur Globalisierung. Natürlich wird, wer solche Wahrheiten sagt, hingerichtet, hier bei einer Lissabonner Massenveranstaltung mit der Fachbezeichnung Autodafé. Die letzten Worte des unverdrossenen Philosophen gelten der Weisheit Gottes, der es den Menschen ermöglicht habe, den Strick des Henkers zu erfinden. Leider kann Pangloss das nicht näher ausführen, denn: „the rope … aaargh!"

Leonard Bernstein spießt den Freizeitwert von Ketzerhinrichtungen auf – es müssen ja nicht immer Ketzerverbrennungen sein – und legt damit für unseren übelbeleumundeten Planeten musikalisch ein gutes Wort ein. Wenn der prächtig gelaunte Chor mit Patschhändchen-Schwung „What a day, what a day for an auto-da-fé" zum besten gibt, soll der Zuschauer heraushören, daß ein breites Publikum viel lieber zum Schafott strömt als beispielsweise in die Oper. Noch in der unter Intellektuellen hoch angesehenen Französischen Revolution wird die Guillotine ein Instrument der Volksbelustigung sein, doch schon in den Jahrtausenden davor ist beim Vollzug der Todesstrafe die Zahl der begeisterten (und überlebenden) Beobachter in der Regel größer als die Zahl der Opfer. Anders ausgedrückt: Bernstein springt Leibniz bei.

Nach einer Weile folgt der philosophische Beweis ex contrario. Schlecht geht es dem Menschen, wenn es ihm gut geht. Cunegonde, eine einstmals deutsche Kunigunde und Herzallerliebste des übrigens ebenfalls deutschen Candide, lebt als Geliebte des Gouverneurs von Buenos Aires im Luxus, aber eben nur als Geliebte und nicht als Gattin. Ihrer ständigen Begleiterin, der Alten Lady – alt auch im Sinn von erprobt in allen Schweinereien – glaubt das Publikum aufs Wort. Das macht der gelungene Tango, den sie zu ihrer Einführung anstimmt. Was aber sagt sie später? Sie sagt, sie sei in ihrem Leben schon gefoltert, ausgepeitscht und beinahe umgebracht worden, doch schlimmer als alle Qualen und die Hurerei, schlimmer als letztgenanntes „whoredom" sei nun einmal „boredom", die Langeweile. Auch im Roman äußert sie sich dementsprechend, doch ist jetzt die Sekunde gekommen, Schopenhauer zu erwähnen, der die Langeweile als die Hauptgeißel des vorübergehend zur Ruhe gekommenen Menschenkindes stilistisch einzigartig herausmodelliert. Der vorletzte philosophische Gedanke aber sei an Leibniz verschwendet. Die beste aller möglichen Welten muß doch wohl in Ordnung sein, denn würde die beste noch besser, stürben die Leute an innerer Leere.

Leonard Bernstein

Die literarische Überlieferung, daß die mehrmals
vergewaltigte Cunegonde einen adeligen Bruder hat,
der kurz vor Ende des Romans immer noch Nein sagt
zu einer Ehe mit Candide, läßt Bernstein auf sich
beruhen. So komponiert er auch nicht den Grund für
die Abfuhr, Candides unzureichenden Stammbaum.
Voltaire erwähnt in anderem Zusammenhang einen
kaum zu vermittelnden Edelmann mit nur 71 nachge-
wiesenen Ahnen. Möglicherweise verwarfen die zahl-
reichen Librettisten dieses Bonbon als zu typisch
deutsch. Die Vielzahl der Fassungen gemahnt ein
wenig an Polygamie, doch scheint sich eine Version
durchzusetzen, die nur aus musikalischen Höhepunk-
ten besteht und den Rest einem Conférencier überläßt.
Bernsteins Candide hält Cunegonde bis zuletzt für
begehrenswert, liest also nicht Voltaire, wo etwas über
verdorrte Haut und schlaff gewordene Brüste steht.
Oder er liest darüber hinweg. Immerhin ist der den
Text krönende Vorsatz, zu zweit einen Garten zu
bestellen, nicht der amerikanischen Seele entnommen,
sondern dem französischen Roman. Letztendlich tritt
der wiederauferstandene Pangloss an die Rampe und
stellt die Frage aller Fragen: „Any questions?" Sehr
angelsächsisch ist das und sehr philosophisch.

Bitte sofort komponieren!

Es fehlt nur noch die Musik. Zu der Oper „Der Beichtvater als Kuppler" fehlt strenggenommen auch der Text, doch wäre er eins, zwei, drei zu verfertigen, da Giovanni Boccaccio, ein Unterhaltungsgenie aus dem 14. Jahrhundert, die Handlung schon erfunden und die wichtigsten Dialogfetzen in direkter Rede zu Papier gebracht hat. Für eine gewisse Unverständlichkeit, die Zierde der modernen Oper, ist gesorgt. Im Programmheft wäre deshalb darzulegen, was alles einer verheirateten Florentinerin bei der Kontaktaufnahme mit einem als Lover ausersehenen Florentiner verwehrt war. Telefon und E-Mail kannte die Frührenaissance noch nicht, der Postillon d'amour mochte indiskret sein, und die Methode, einfach „hallo" zu sagen und mit der Zungenspitze über die eigenen Lippen zu streichen, schickte sich nicht für Frauen wie unsere weibliche Hauptfigur. Sie ist Edeldame und verheiratet, allerdings nur mit einem reichen Wollweber. Da ihr guter Ruf nicht nur gut, sondern auch erheblich besser sein muß als ihr Lebenswandel, stellt sich ihr die intellektuelle Aufgabe, von der ersten bis zur letzten Szene die Polygamie anzusteuern und dabei mit reifer, samtener Altstimme den monogamen Schein zu wahren.

Die Edeldame, der einen Vornamen zu geben Sache des Librettisten sein wird, beschwert sich bei ihrem Beichtvater über die Nachstellungen eines jungen, ihr

251

unbekannten Edelmannes, dessen Äußeres sie so genau
beschreibt, daß der Priester hinter der geheimnisvollen
Figur ganz richtig einen seiner Bekannten vermutet.
Dieser, vom Priester in der nächsten Szene zur Rede
gestellt, ist sich ausnahmsweise keiner Schuld bewußt.
Bald aber fällt bei ihm der Groschen, worauf er mit
jugendlichem Baß Besserung gelobt und mit einer neuen
erotischen Perspektive enteilt. Der Beichtvater, der die
aufrichtige Verblüffung für Heuchelei, den geheuchel-
ten guten Vorsatz aber für bare Münze genommen hat,
staunt nicht schlecht, als ihm die Edeldame von weiteren Belästigungen berichtet und ihm zum Beweis zwei,
wie sie sagt, durch eine Botin überbrachte Liebesgaben
präsentiert, eine Tasche und einen Gürtel. Der Priester
nimmt sie, um sie seinerseits dem Kavalier unter die
Nase zu halten, der einen zweiten, mit Informationen
gespickten Rüffel einsteckt.

Augenscheinlich zerknirscht, innerlich jubilierend,
entfernt sich der junge Mann mit den beiden Gegenständen, die er vor dem Haus des Wollwebers eifrig hin
und her tragen wird, damit die Bewohnerin von der
Erwiderung ihrer Gefühle überzeugt sein kann. Das
wiederum veranlaßt sie, den Beichtvater mit der Nach-
richt von einem Ereignis zu überfallen, das nun wirklich dem Faß den Boden ausgeschlagen habe. Von einer
Geschäftsreise des Ehemannes nach Genua offenbar
unterrichtet, sei dieser Teufel von einem Mannsbild
kurz vor der Frühmesse über einen Baum zum Fenster
ihres Schlafzimmers geklettert, habe es schon geöffnet
und wäre wohl eingestiegen, wenn sie, umständehalber

nackt wie Eva, es ihm nicht vor der Nase zugeschlagen
hätte. Die Entrüstung seines Beichtkindes macht sich
der Priester mit strahlendem Heldentenor zu eigen,
sobald er zum Nachweis seiner Detailkenntnisse Klet-
terpfad und Fenster dem verstockten Sünder unmißver-
ständlich vor Augen führt. Der weiß, was er zu tun
hat, und tut es auch.

Armes Sprechtheater! Die Zuschauer vernehmen,
was auf der Bühne geredet, nicht aber, was dort
gedacht wird. Genau das verrät ihnen im „Beichtvater
als Kuppler" das Orchester – und es hat eine Menge zu
verraten, denn Edeldame und Edelmann artikulieren,
was sie im Sinne haben und im Schilde führen, so gut
wie nie. Da singt zum Beispiel sie, mehr als sich selbst
liebe sie ihren Mann, den Wollweber, weshalb sie wie
nur je eine Hexe den Scheiterhaufen verdiente, wäre sie
eines Gedankens, geschweige denn einer Tat fähig, die
ihm mißfallen könnte. Starke Worte, die nach starken
Tönen schreien, nach ekstatischen Intervallsprüngen
des Alts und nach einem breiten, ruhevollen Gesang
der Bratschen und Celli, der die Ekstase Lügen straft,
weil er siegessichere Sehnsucht ausdrückt. Es kann dem
Komponisten überlassen bleiben, ob er die Pikkoloflöte
oder das Kontrafagott damit beauftragt, ein Quent-
chen Nervosität beizumengen. Wenn sich allerdings der
Pfarrer über die Klettertour aufregt, sollen die Instrumente ihm brav folgen, denn an seiner grimmen Seele
ist kein Falsch, wohl aber an den Worten des jungen
Mannes: „Würdiger Herr, was soll dieser Zorn? Habe
ich denn Christus gekreuzigt?" Während der Baß eitel

Unterwürfigkeit ist, rufe eine Bläsergruppe nach näheren Orts- und Zeitangaben, und zwar mit dem Informationsmotiv, das einem komponierenden Angehörigen der Informationsgesellschaft eigentlich aufregend gut gelingen müßte. Ansonsten fühle sich das Orchester schon fast am Ziel und jubiliere con sordino.

Die Doppelbödigkeit ist der eine große Vorzug des Sujets, der andere die Eignung einer Dialogoper für konzertante Aufführungen. Denn die Regisseure werden den Librettisten ärgern, wo sie nur können. Der erste wird nicht einen, sondern zwei Bäume auf die Bühne stellen, auf einen Ast des rechten die Edeldame setzen und in die Krone des linken den Beichtvater. Der nächste Regisseur wird antiklerikaler sein wollen als Boccaccio, deshalb die Florentinerin mit der Jungfrau von Orleans verwechseln und diese dreimal verbrennen. Der übernächste wird ein Boudoir mit Bidet aufbauen und, was viel schlimmer ist, mit Telefon und Computer. Dann versteht das Stück niemand mehr, zumal der Autor die Sängerin nicht daran hindern kann, im Beisein des Kavaliers „hallo" zu rufen.

.